ADAC

Gran Canaria

von Sabine May

 **ADAC Top Tipps**

Das müssen Sie gesehen haben!
Die zehn Top Tipps bringen Sie
zu den absoluten Highlights.

 ADAC Empfehlungen

Unterwegs gut beraten: Diese
25 ausgesuchten Empfehlungen
machen Ihren Urlaub perfekt.

Preise für ein DZ mit Frühstück:
€ | bis 80 €
€€ | bis 140 €
€€€ | ab 140 €

Preise für ein Hauptgericht:
€ | bis 12 €
€€ | bis 18 €
€€€ | ab 18 €

Seite
44

◼ Intro

◼ Magazin

Seite
26

Seite 36

Seite 21

Im Blickpunkt

Seite 18

■ Unterwegs

Seite 154

Seite 73

Seite
126

■ Service

*Zu diesen Orten und Sehens-
würdigkeiten finden Sie Detailkarten
im Innenteil des Reiseführers.*

Umschlag:

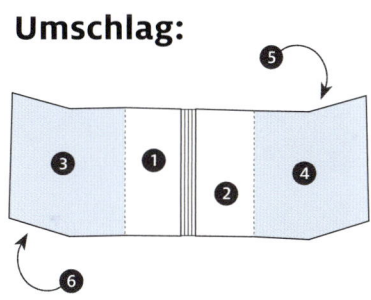

ADAC Top Tipps: Vordere
Umschlagklappe, innen **1**

ADAC Empfehlungen: Hintere
Umschlagklappe, innen **2**

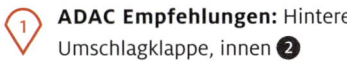

Übersichtskarte Gran Canaria:
Vordere Umschlagklappe, innen **3**
Die Südküste von Gran Canaria:
Hintere Umschlagklappe, innen **4**
Stadtplan Las Palmas: Hintere
Umschlagklappe, außen **5**
Ein Tag in Las Palmas: Vordere
Umschlagklappe, außen **6**

Gran Canaria: ein Kontinent im Miniaturformat

Von Wüste bis Regenwald sind nahezu alle Klimazonen auf der Insel vertreten. In den Bergen wird es fast alpin

Die Playa Amadores wartet mit einem 800 m langen goldenen Sandstrand auf

Auf Gran Canaria vereint sich die Vielfalt eines ganzen Kontinents auf kleinstem Raum. Während der Süden mit seinen berühmten Stränden und Ferienorten karg und sonnendurchflutet ist, zeigt sich der Norden von einem dichten Pflanzenteppich bedeckt, oft bewölkt und immer etwas kühler. Im zentralen Inselgebirge wechseln bizarre Felsformationen mit schroffen Schluchten ab.

Was ist erlebenswert?

Eine besondere Faszination übt die einzigartige Strand- und Dünenlandschaft mit angrenzendem Palmenwald und Zugvogellagune an der Südküste bei Maspalomas aus. In starkem Kontrast dazu steht der nicht minder berühmte Stadtstrand von Las Palmas, die Playa de Las Canteras, an der sich die Wellensurfer tummeln. Aber es gibt auch andere, kleinere Strände, an denen man sich wohlfühlen kann. Ganz einsam wird es an einigen Playas der felsigen Westküste, wohin sich nur wenige Touristen verirren. Einheimische trifft man am Wochenende und in den Ferien an den Stränden und Badeplätzen des Nordens und Ostens. Der Inselsüden erinnert immer wieder an das benachbarte Afrika. Breite

Bananen und andere exotische Obstkulturen, darunter Mangos, Avocados oder Zitrusfrüchte, gedeihen. Jeder Ort bietet eine Besonderheit. In Firgas ist es die berühmte Wassertreppe, in Telde das pittoreske Altstadtviertel San Francisco, das zum Bummeln einlädt, in Agaete der lauschige Stadtpark Huerto de Las Flores mit seinem alten Baumbestand. Wer prähistorische Stätten besuchen möchte, hat dazu überall auf der Insel Gelegenheit. Rätsel gibt etwa der Kultplatz Cuatro Puertas auf, Felsmalereien sind in der Cueva Pintada zu besichtigen.

Frisches von der Insel auf dem Mercado de Vegueta in Las Palmas (unten) – Abendstimmung am Mirador La Sorrueda bei Santa Lucía de Tirajana (ganz unten)

Schluchten, etwa der Barranco de Fataga mit seinen weißen Oasensiedlungen oder der menschenleere, karge Barranco de la Aldea, ziehen die Hänge hinauf. Oben im Inselgebirge überragen bizarre Felsen die kleinen, in Hochtäler eingebetteten und von Mandelplantagen umgebenen Bergdörfer.
Im grünen, dichter besiedelten Norden wechseln größere und kleinere Städte mit Bauernland ab, auf dem

Wie ein bunter Flickenteppich: der Barrio San Juan in Las Palmas (oben) – Feierlichkeiten zum Día de Canarias (Mitte) – Ureinwohner schufen die abstrakten Malereien der Cueva Pintada (unten)

Städtereise wert wäre. Kulturell interessierte Besucher lieben die Altstadt Vegueta mit ihren zahlreichen Baudenkmälern, etwa der eleganten Kathedrale oder dem Kolumbushaus, das mit dem großen Entdecker in Verbindung gebracht wird. Geschäftig geht es im traditionellen Einkaufsviertel Triana zu. Die Ciudad Jardín ist durch Villen und Gärten geprägt. Und im moderneren Hafenstadtteil Santa Catalina spielt sich heute ein Großteil des Lebens ab, in schicken Kaufhäusern ebenso wie in den bunten Bazaren, auf Plätzen sowie in Kneipen und Bars.

Aber auch manche andere Stadt kann Besuchern einen gepflegten historischen Kern, sehenswerte Kirchen und Paläste und eine angenehme Atmosphäre bieten, etwa der ehemalige Bi-

Die absoluten Highlights

Im Mittelpunkt des Interesses steht natürlich die Inselhauptstadt Las Palmas, die beinahe schon eine eigene

schofssitz Agüimes, das Pilgerzentrum Teror oder der altkanarische Fürstensitz Gáldar. Viel Flair haben die noch sehr authentischen Fischerorte wie Arguineguín oder Puerto de las Nieves.

Ein Besuch im zentralen Gebirge darf natürlich nicht fehlen. Zu den Höhepunkten der Inseldurchquerung zählen ein Bummel durchs weiße Bergdorf Fataga, Wanderungen zu den Felsmonolithen Roque Nublo und Roque Bentayga und eine Rundfahrt durch den Kiefernwald von Timadaba. Überall eröffnen sich herrliche Ausblicke, das Bergdorf Tejeda ist gleich in seiner Gesamtheit ein riesiger Mirador. Auf den Spuren der Ureinwohner wandelt man an der Bergfeste La Fortaleza sowie in den Höhlendörfern rund um Artenara und im Barranco de Guayadeque.

Was prägt die Insel?

Vielerorts an der Südküste hat der Tourismus seine Spuren hinterlassen. Doch auch dort gibt es idyllische Ecken, etwa den Mirador Tropical mit Blick über die Playa del Inglés und ihre Dünen, die mondäne Küstenpromenade von Meloneras oder die pittoreske Marina von Puerto de Mogán. Wer

>> *Und das Interessante hier, auf dieser Insel Gran Canaria, befindet sich im Inneren, befindet sich in den zwei großen Kraterkesseln dieses enormen, seit Jahrhunderten erloschenen Vulkans.* <<

Miguel de Unamuno in »Por tierras de Portugal y España«, 1909

das authentische Leben sucht, wird in Fischerdörfern wie Arguineguín oder Castillo del Romeral fündig. Das Können der Wind- und Wellensurfer ist in Pozo Izquierdo und an der Nordküste zu bewundern. Großartig sind die Märkte, die nur so überquellen vor

Wanderer am Roque Nublo – den Altkanariern war dieser Basaltstein heilig

exotischen Früchten, Gemüse und dem köstlichen Inselkäse. Dies gilt für die Markthallen von Las Palmas ebenso wie für den Bauernmarkt von Vega de San Mateo. Einheimische treffen sich überall auf den Plazas, den Kirchplätzen, die oft wie kleine Parks gestaltet sind, mit Sitzbänken und schattenspendenden Bäumen. Rundherum laden Cafés zu einer wohlverdienten Pause ein. Oder man holt sich die köstlichen Backwaren, für die Gran Canaria so bekannt ist, in einer Konditorei.

Am Wochenende zieht es die Inselbewohner in entlegene Strandorte wie Sardina del Norte, wo sie gerne im Fischrestaurant ausgiebig tafeln, oder auf eines der zahlreichen Volksfeste, die zu Ehren der Kirchenpatrone oder zu besonderen Anlässen wie der Mandelblüte veranstaltet werden.

Für den perfekten Urlaub

An der Inselwirtschaft hat der Tourismus den Löwenanteil. Die Entscheider sind sich dessen durchaus bewusst, dementsprechend durchdacht ist die Infrastruktur. Traditionell spielte die Playa de Las Canteras in Las Palmas eine große Rolle. Weitaus die meisten Besucher quartieren sich aber inzwischen in dem gigantischen Ferienort Maspalomas-Costa Canaria im Süden ein. Dessen Ortsteil Playa del Inglés zieht ein eher junges Publikum an und ist nicht nur für seinen wunderbaren Strand, sondern vor allem für das ausgeprägte Nachtleben bekannt, das auch – aber nicht nur – die Homosexuellenszene zu schätzen weiß.

Vom angrenzenden Meloneras mit Hotels der gehobenen bis Luxuskategorie fühlen sich eher zahlungskräftige

Boote im Hafen von Puerto de Mogán, das auch als »Klein Venedig« bekannt ist

Gäste angesprochen, die in der Umgebung auch einige Golfplätze finden. Der Ortsteil San Agustín gibt sich ruhiger und gesetzter. Weitere, kleinere Ferienorte reihen sich an der Südküste. Puerto Rico ist mit zwei Jachthäfen das Zentrum des Wassersports. Das benachbarte Puerto de Mogán hat sicher den Preis des schönsten und ansprechendsten Touristenzentrums im Süden verdient. Familien fühlen sich in Bahía Feliz wohl, Surfer zieht es in das noch äußerst urwüchsige Pozo Izquierdo. Viele Badestrände sind barrierefrei, die meisten mit sanitären Einrichtungen und Strandlokalen ausgestattet. In den Ortschaften gibt es Anbieter für verschiedene Wassersportarten, Fahrradverleihfirmen, Autovermietungen und natürlich jede Menge Restaurants und Einkaufsmöglichkeiten.

Hauptstadt Las Palmas

Sprache Spanisch

Währung Euro

Staatsform Parlamentarische Monarchie

Verwaltung Die Insel bildet gemeinsam mit Fuerteventura und Lanzarote die spanische Provinz Gran Canaria

Fläche 1560 km² (knapp doppelt so groß wie Berlin)

Einwohner 845 200

Tourismus Etwa 4,2 Mio. Urlauber besuchen jährlich Gran Canaria.

Religion Überwiegend römisch-katholisch

Wichtigste Vokabel »mañana« (morgen) – Man hat zwar nicht mehr so viel Zeit wie früher, doch Ungeduld gilt als uncool.

Darin sind die Canarios Weltmeister In der Lucha Canaria, dem kanarischen Ringkampf, denn dieser ist einmalig auf der Welt. Auch in folkloristischen Ringkämpfen in anderen Ländern sind die kanarischen Champions immer vorne mit dabei.

Berühmtester Canario Von Gran Canaria stammt der Schauspieler Javier Bardem, der einen Oscar für seine Rolle in »No Country for Old Men« gewann.

Magazin

Wie ein riesiges Sandmeer breiten sich die Dunas de Maspalomas an Gran Canarias Südspitze aus. In den Morgen- und Abendstunden werfen die Dünenkämme lange, fotogene Schatten. Das Gebiet blieb von Bebauung verschont. Sein Kernbereich – durch Pflöcke markiert – steht heute mitsamt der angrenzenden Zugvogellagune unter Naturschutz.

Puerto de Mogán ist der Bilderbuchhafen der Insel. In den 1980er-Jahren aus einem Guss angelegt, erinnert er mit seinen Kanälen und Brücken an Venedig – wenn auch im Miniaturformat. Vorne an den Stegen schaukeln Jachten und Fischerboote, dahinter stehen gefällige Apartmenthäuser im kanarischen Stil an blumengeschmückten Gassen.

Mit hellem Sand aufgewertet und durch Wellenbrecher vor der Atlantikbrandung geschützt, wurde die 800 m lange Playa de Amadores bei Puerto Rico zu einem der schönsten und beliebtesten Strände Gran Canarias. Dennoch findet sich immer noch Platz für Badetuch und Sonnenschirm. Die »blaue Flagge« bürgt für Wasserqualität.

Beste Reisezeit
Gran Canaria

März	April	Mai

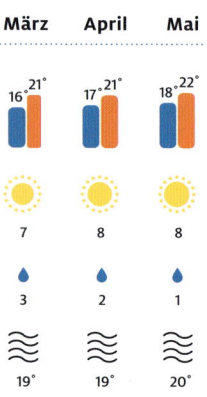

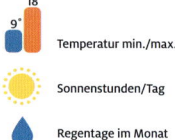 Temperatur min./max.

Sonnenstunden/Tag

Regentage im Monat

 Wassertemperatur

FRÜHLING

Jetzt ist in der Natur Hauptblütezeit, die Insel ist in ein wunderbares frisches Grün getaucht.

Sprichwörtlich ist ja auf den Kanarischen Inseln das ganze Jahr über Frühling. Dennoch gibt es Jahreszeiten, wenn auch nicht so ausgeprägt wie etwa in Mitteleuropa. Im März und April unterscheiden sich die Temperaturen kaum von denen im Winter. Sie schwanken in den Küstengebieten im Tagesverlauf zwischen 16 und 21 °C. Auch zum Ende des Frühjahrs hin wird es nicht wesentlich wärmer. Während es allerdings um Ostern herum noch mehrere Regentage im Monat geben kann, kommt es im Juni kaum noch zu Niederschlägen – jedenfalls an der Küste. Ganz anders sieht es in den Bergen aus, wo die Temperatur um rund 1 °C pro 100 Höhenmeter abnimmt, was im Bereich der höchsten Gipfel durchaus nächtlichen Frost bedeuten kann. Die Niederschläge nehmen mit der Höhe deutlich zu. Im zeitigen Frühjahr sorgen häufig Tiefausläufer aus westlichen Richtungen für Regenfälle mit nachfolgendem sonnigen Rückseitenwetter.

Ab Mai beginnt sich dann der Nordostpassat durchzusetzen, der den Nordabhängen des Gebirges fast täglich Nebel und Regen bringt. Für einen reinen Badeurlaub eignet sich das Frühjahr weniger, da die Wassertemperaturen mit 18 bis 19 °C noch niedrig liegen. Dafür kommen Wanderer voll auf ihre Kosten, denn der Blühbeginn in der Natur wandert jetzt von den tiefen Lagen allmählich bis in die Berge hinein. Das Preisniveau liegt um Ostern herum, wenn auch viele Spanier nach Gran Canaria reisen, am höchsten. Im Mai und Juni sinken die Preise dann wieder. Um diese Zeit tummeln sich vor allem Deutsche und Briten auf der Insel.

Der Frühling beginnt auf Gran Canaria sehr früh. Dann wird die Insel zum Blütenmeer

In den Sommermona-
ten herrscht an den
Badestränden wie
hier in Puerto Rico
Hochbetrieb

SOMMER

**Es herrscht Hauptsaison für Baden und Wasser-
sport, überall werden Fiestas gefeiert.**

Für Spanier vom Festland ist dies die Hauptreisezeit.
Sie nutzen die langen Sommerferien, die von Ende Juni
bis Anfang September reichen, gern für einen Familien-
urlaub in der relativen »Kälte« der Kanarischen Inseln.
Denn die Tageshöchsttemperaturen steigen hier auch an
der Küste fast nie über 30 °C und bleiben eher bei 24 bis
26 °C. Damit liegen sie deutlich unter den auf dem spanischen Festland erreichten Hitzewerten. Auch für Mitteleuropäer kann sich ein sommerlicher Aufenthalt auf
Gran Canaria daher angenehmer gestalten als am Mittel-
meer, wobei August und September recht schwül sind.
Der Schwerpunkt liegt im Sommer eindeutig auf Baden
und Wassersport. Wandern ist möglich, wird aber weniger praktiziert. Es weht fast ausschließlich ein Passatwind aus Nordost, in der Folge liegt der Nordabhang
der Insel oft unter Wolken. Demgegenüber ist an der
Südseite vor allem im Juni und Juli – bedingt durch die
Nähe zum Äquator – der hohe, fast senkrechte Sonnen-
stand zu bedenken, der tagsüber sportliche Betätigun-
gen sehr anstrengend machen kann.
In den Sommermonaten wird ausgiebig gefeiert: die
milden Nächte hindurch bis zur Morgendämmerung auf
Volksfesten, in Bars und Tanzlokalen. Für die einen gehört das zu einem gelungenen Urlaub einfach dazu, für
andere mag es schon zu viel sein. Mit Regen ist an der
Küste kaum zu rechnen, meist lacht die Sonne von früh
bis spät. Doch die Landschaft ist jetzt ausgedörrt, selbst
in den Bergen. Wer Naturgenuss auch abseits der Badestrände sucht, sollte also – sofern es die Terminplanung
zulässt – auf andere Jahreszeiten ausweichen.

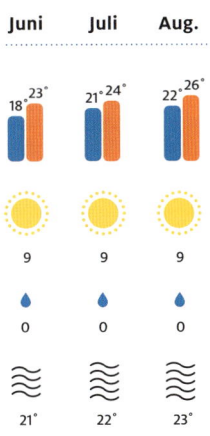

Juni	Juli	Aug.
18°23°	21°24°	22°26°
9	9	9
0	0	0
21°	22°	23°

Wenn die Schatten länger werden, stehen Wanderungen und Radausflüge hoch im Kurs

HERBST

Nach wie vor sind Baden und Wassersport angesagt, aber auch Wanderer fühlen sich wohl.

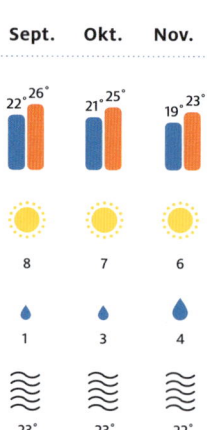

Sept.	Okt.	Nov.
22° 26°	21° 25°	19° 23°
☀	☀	☀
8	7	6
💧 1	💧 3	💧 4
〜 23°	〜 23°	〜 22°

Für Menschen, die gerne milde Tage und Abende genießen und bei angenehmen Wassertemperaturen, die noch über 20 °C liegen, baden möchten, ist der Oktober die schönste Zeit. Es gibt kaum eine bessere Möglichkeit, den Sommer zu verlängern, als jetzt nach Gran Canaria zu reisen. Die Zeit der Ausflüge ins Hinterland ist angebrochen. Auch Wanderer kommen gut zurecht. Die Sonne steht nicht mehr so hoch und drückend am Himmel, die Menschen werfen längere Schatten, die Landschaft begrünt sich durch erste Niederschläge. Im November und Dezember wird es dann allmählich etwas kühler, die Zahl der Regentage nimmt zu. Aber nun zeigt sich auch der gewaltige Unterschied zum heimischen Schmuddelwetter. Surfer und Radfahrer finden in diesen beiden Monaten die besten Bedingungen. Im Herbst reisen wieder vorwiegend Deutsche und Briten auf die Insel. Die Preise liegen etwas niedriger als im Hochsommer, allerdings ist der Unterschied eher gering, denn Gran Canaria hat ganzjährig Saison.

WINTER

Selbst diese Zeit ist frühlingshaft mild, sogar Baden ist möglich. Im Februar beginnt die Mandelblüte.

Für Mittel- und Nordeuropäer beginnt zu Weihnachten die Hauptsaison. Nach einer kurzen Flaute im Januar geht es zur Karnevalszeit wieder richtig los. Wer den grauen, kalten Wintertagen in den nördlichen Breiten entfliehen möchte, liegt jetzt genau richtig. Auf Gran Canaria ist es mit immerhin noch 20 bis 21 °C Tageshöchsttemperatur und 16 bis 17 °C in den Nächten nicht nur deutlich wärmer, sondern die Tage sind auch spürbar länger. Dank der südlichen Lage ist die Dämmerung kurz. So darf in den Wintermonaten mit 6 bis 7 Stunden Sonnenschein pro Tag gerechnet werden – jedenfalls an der Küste, wo sich auch die Niederschläge in Grenzen halten. In den Bergen schneit es jetzt allerdings zuweilen. Sollte das der Fall sein, können Wanderer in tiefere Lagen ausweichen, wobei auch hier oft eine leichte Jacke nötig sein wird.

Die Wassertemperaturen sinken im Februar/März auf 18 °C. Wer das Baden in der Nord- und Ostsee gewohnt ist, wird damit kein Problem haben. Auch der Wassersport macht auf Gran Canaria keine Winterpause. Es wird gesurft, getaucht, geschnorchelt. Um die Feiertage können die Preise anziehen. Daher kann es sich lohnen, auf die Tage davor oder danach auszuweichen. Andererseits sind Weihnachten, Silvester und Karneval echte Höhepunkte im Festkalender Gran Canarias. In der Weihnachtszeit werden überall Krippen aufgebaut, Straßen und Parks mit Lichterketten geschmückt und traditionelle Bräuche praktiziert. Silvester ist Party angesagt, mit Riesenfeuerwerk in Las Palmas. Die Karnevalsfeierlichkeiten mit fantasievollen Sambaumzügen und nächtlichen Tanzbällen erstrecken sich über mehrere Wochen hinweg, mit Schwerpunkten in Las Palmas und an der Costa Canaria. Ein Highlight in der Natur ist die Mandelblüte, die je nach Witterung etwas variieren kann, meist aber im Februar beginnt.

	Dez.	Jan.	Feb.
Temperatur	17° 21°	16° 20°	16° 20°
Sonnenstunden	6	6	7
Niederschlag	5	4	3
Wassertemperatur	21°	20°	19°

Dank der milden Temperaturen sind Bergtouren wie hier zum Roque Bentayga auch im Winter problemlos möglich

Zahlreiche Terras-sencafés laden in Las Palmas zur Einkehr ein, hier die Plaza Hurtado de Mendoza im Stadtteil Triana

Die kreative Küche ist auf dem Vormarsch

Von der Imbissbude bis zum Gourmettempel gibt es für alle Geschmäcker und Geldbeutel das Passende. Zahlreiche Köche haben sich der zeitgemäßen mediterranen Küche verschrieben, aber auch internationale Gerichte sind vielerorts erhältlich.

TRADITIONELLE GERICHTE

Nach wie vor ist die authentische Inselküche gut vertreten, insbesondere abseits der großen Ferienorte, dort, wo eher die Einheimischen speisen. In den kleinen Hafenorten kommt frischer Fisch aus dem Atlantik in der Regel ohne große Schnörkel auf den Teller, meist auf der Eisenplatte gegrillt (»a la plancha«). Bei Meeresfrüchten hingegen, beispielsweise den beliebten Gambas, handelt es sich vorwiegend um Importware, da die Gewässer der Kanaren in dieser Hinsicht nicht sehr ergiebig sind. Ausnahmen sind Tintenfisch und »lapas« (Napfschnecken). Ersterer wird frittiert oder als Ragout serviert, die Schnecken grillt man in der Pfanne mit viel Knoblauch.

DELIKATE HÄPPCHEN

Tapas sind Kult. Auf den Kanaren heißen sie ursprünglich »enyesques«, manchmal firmieren sie auch wie im Baskenland als »pintxos«. Gemeint sind damit immer kleine Gerichte, entweder für zwischendurch oder – wenn man zwei oder drei davon bestellt – auch zum Sattwerden. Im Trend liegen dabei ganz klar die einheimischen Agrarerzeugnisse. Wer sich von deren Vielfalt überzeugen möchte, braucht nur eine der Markthallen von Las Palmas oder einen Bauernmarkt zu besuchen. Es lohnt sich, Ausschau nach Tapas mit regionalen Zutaten zu halten: Klassisch sind Tintenfischsalat oder heiße »chorizo« (Paprikawurst), innovativ ist etwa geräucherter Ziegenkäse mit Papayamarmelade. Thomas Leeb von »Acyre«, der Vereinigung der Köche und Konditoren Gran Canarias, sieht ein großes Potenzial bei lokalen Lebensmitteln. »Unser vorrangiges Ziel ist es, den Bauern und Hirten, die jeden Tag um vier Uhr morgens aufstehen müssen, ein Auskommen zu ermöglichen. Ihre Produkte sollten alle Restaurant- und Hotelköche auf Gran Canaria verwenden«, präzisiert er gegenüber der Zeitung »La Vanguardia«.

Der Klassiker auf Gran Canaria: »papas arrugadas« mit »mojo rojo« und »mojo verde«

KORREKT GETAFELT

Die Mittagsmahlzeit darf bei den Canarios gerne kräftig ausfallen. Da sie in der Regel spärlich frühstücken, mit einem Kaffee und einem »churro« (knuspriges Spritzgebäck), bringen sie dafür einen ordentlichen Hunger mit. Dann kommt die »ropa vieja« gerade recht. Der Eintopf mit dem seltsamen Namen (»alte Kleider«) besteht aus Kichererbsen, Fleisch vom Rind oder Huhn, Kartoffeln, Zwiebeln, Knoblauch und Paprika. Ein beliebter Gemüseeintopf ist »potaje de berros« mit viel Brunnenkresse, der in Tejeda stattdessen mit wilder Rauke zubereitet wird (»potaje de jaramago«). Es gibt ihn beim Mandelblütenfest oder im Restaurant des Paradors (S. 57) zu kosten. Gerne werden Eintopfgerichte auch mit »morcilla dulce« angereichert – einer süßen Blutwurst, die Mandeln, Rosinen, Zimt und Anis

Mojo im Glas

Zu kaufen gibt es die auch als Mitbringsel gut geeignete Mojo im Glas auf Märkten, in Supermärkten und Souvenirshops. Wer Gewicht beim Fluggepäck sparen möchte, findet Trockenmischungen, die zu Hause mit Öl angerührt werden.

enthält. Diese Spezialität stammt aus Metzgereien in Teror. Werktags bieten viele Restaurants ein günstiges »menu del día« (Tagesmenü) an, das sich aus zwei Gängen, einem Getränk und einem »café solo« (Espresso) zum Abschluss zusammensetzt.

Am Sonntag fällt das erst sehr spät beginnende Mittagessen noch üppiger aus. Dann kommen große Fisch- oder Fleischportionen auf den Tisch. In Sardina del Norte können das gegrillte Sardinen aus frischem Fang sein, in den Bergen haben sich Ausflugslokale auf Kaninchen, Zicklein oder Spanferkel spezialisiert. Vegetarische Hauptgerichte stehen nur selten, aber immer öfter auf der Speisekarte. Ansonsten weicht man auf eine »tortilla« (Kartoffel-Omelett) aus. Aber aufgepasst, manchmal kommt auch Speck hinein. Das Abendessen nehmen die Einheimischen meist zu Hause ein. Oder man gönnt sich im Restaurant etwas ganz Edles, zieht am Wochenende auch durch die Kneipen, etwa im Altstadtviertel Vegueta von Las Palmas, um mal hier, mal da eine Tapa zu sich zu nehmen. Begleitet jeweils von einem Gläschen Wein (»copa«), wobei einheimische Tropfen eine immer größere Rolle spielen.

SÜSSE VERSUCHUNGEN

Ein Dauerbrenner sind frisch gepresste Säfte aus tropischen und subtropischen Früchten, die auf den Kanaren gedeihen: Papayas, Mangos, Ananas, Melonen. Man trinkt sie unterwegs, etwa bei einem Marktbesuch, als kleines Schmankerl. Die vielseitige Getreidezubereitung Gofio (S. 106) diente schon den Ureinwohnern als Grundnahrungsmittel. Sie wird auch in Süßspeisen verwendet, etwa für eine Mousse (»mus de gofio«) oder als Zutat zum Eis. Ebenso wird »bienmesabe«, eigentlich ein üppiges Dessert aus Mandeln, Eigelb und Zucker, gerne zu Speiseeis verarbeitet.

Eher für kühlere Tage eignen sich »truchas de batata«, Mandeltaschen mit Süßkartoffeln, oder »tortitas de plátano«,

Drei verschiedene Mojo-Soßen zum Dippen

frittierte Bananenpfannkuchen. Kanarier sind sehr süße Menschen. Nicht nur, was ihr Benehmen betrifft. Sie haben auch spektakuläres Gebäck.

Die überdachten Markthallen von Las Palmas, hier der Mercado del Puerto, sind ein Fest für die Sinne

In aller Munde

Milde und scharfe Soßen

Von schrumpeligen Pellkartoffeln (»papas arrugadas«) begleitet, kandidiert »mojo rojo« gemeinsam mit den spanischen Klassikern Paella und Tortilla für das immaterielle Erbe der UNESCO. Bei diesem einfachen Gericht werden die Kartoffeln mit den Fingern zerbrochen und in die Mojo gedippt. Die auf Gran Canaria allgegenwärtige, kalte Soße basiert auf roten Paprikaschoten, die man mit viel Knoblauch, manchmal auch mit Tomaten püriert. Dann wird mit Olivenöl und Essig aufgefüllt und mit Kreuzkümmel und Meersalz gewürzt. Jede Familie hat ihre eigenen Rezepte, und oft stellen auch Restaurants ihre Mojos selbst her. Wer es schärfer mag, fügt Chili hinzu, das Ergebnis nennt sich »mojo picón«. Eine grüne, milde Variante wird gerne zu Fisch gegessen. Grundzutaten dieser »mojo verde« können grüne Paprikaschoten, glatte Petersilie oder Korianderkraut sein. Möglicherweise standen portugiesische Einwanderer Pate für die kanarische Spezialität, deren Name sich von »molho« (portug. »Soße«) ableitet.

Bauernmärkte und Shoppingmalls

Auf Wochenmärkten werden Kunsthandwerk und Sommermode verkauft. In den Ferienorten laden Einkaufszentren zum unbeschwerten Shopping ein, in Las Palmas das feine Kaufhaus El Corte Inglés.

Als Prämiumprodukt der Inselkunsthandwerker gilt das kanarische Messer. Es hat einen aus Tierhorn oder Knochen gedrechselten, manchmal mit Gold und Silber geschmückten Griff. Das Städtchen Ingenio ist für seine von Hand gefertigten Stickereien bekannt, Keramik stellen einige Töpfer noch nach prähispanischer Art ohne Drehscheibe her. Typisch für Gran Canaria ist auch Geflochtenes aus Stroh oder Palmblättern, etwa die Hüte der Landbevölkerung. Hingegen kommen Lederwaren, Textilien, holzgeschnitzte Elefanten und Modeschmuck, die auf Märkten angeboten werden, meist aus Afrika oder Asien. Wer sich für edlen einheimischen Schmuck interessiert, kann nach der Marke Unyka des Goldschmieds Antonio Ángel Ausschau halten (www.unyka. net). Er lässt sich von altkanarischen Motiven inspirieren.

Die Fußgängerzone der Calle Triana zählt zu den zentralen Einkaufsmeilen von Las Palmas

Nachbildungen des Ídolo de Tara, einer Gottheit der Guanchen, sind ein beliebtes Souvenir

Unter den kulinarischen Souvenirs sind Gebirgshonig, Mandelgebäck und getrocknete Kräuter zu nennen. Strelitzien sind eines der beliebtesten Mitbringsel von den Kanaren. Man bekommt diese wunderschönen Blumen oft schon reisefertig verpackt. Allerdings werden sie in Flugzeugen oft nur noch gegen Aufpreis befördert. Weniger Probleme bereiten Pflanzensamen, etwa von Palmen oder Drachenbäumen. Hüten sollte man sich vor Plagiaten teurer Markenwaren, die fliegende Händler zu günstigem Preis verkaufen. Bei der Heimreise kann der Zoll ein Bußgeld erheben.

Das perfekte Souvenir

Vollreife Bananen sind die Grundzutat des »licor de plátano«. Für das unverwechselbare Bouquet des leuchtend gelben Bananenlikörs sind sie unverzichtbar. Die bekannteste Marke »Cobana« wird auf Teneriffa schon seit 1948 produziert. Mit ihren charakteristischen bananenbüschelförmigen Flaschen ist sie in allen Souvenirläden und Supermärkten der Kanaren vertreten. Dieser Likör wird pur getrunken, bei einem Alkoholgehalt von 30 % am besten in Maßen. Auch in Cocktails hat er seinen großen Auftritt. Gran Canaria kann mit zwei Konkurrenzlikören durchaus mithalten. Aus der Destilería Arehucas (S. 87) kommt »Crema Banana«, der gleich zwei typische Produkte vereint: Zu den Bananen gesellt sich der ebenfalls einheimische Rum. Das Ergebnis ist ein samtiger, fruchtiger Tropfen mit 20 % Alkohol. Getrunken wird er gut gekühlt. »Banana Cream« von der Firma Artemi in Telde ist mit 17 % Alkoholgehalt am leichtesten. Auch er enthält Zuckerrohrdestillat und Bananen, dazu aber Sahne. Nach Möglichkeit mit Eis servieren! Als neuester Schrei gilt »Platé«, ein Bananenwein, der auf Teneriffa durch Vergärung erlesener Früchte gewonnen wird. Er ist hellgelb, aromatisch und frisch. Nicht nur die Herstellung ähnelt derjenigen von normalem Weißwein, er wird auch genau wie dieser zu Fisch, hellem Fleisch oder zum Dessert getrunken. Wer Bedenken hat, Glas im Koffer zu transportieren, erhält »Cobana« auch in Plastikflaschen oder kauft am Flughafen hinter der Sicherheitskontrolle.

Die Insel ist ein großer Erlebnispark

Gran Canaria zeigt sich sehr familienfreundlich. Hotels und Ferienanlagen machen oft spezielle Angebote, und über die herrlichen Sandstrände hinaus sind viele weitere Attraktionen für Kids vorhanden.

URLAUBSKASSE

Eigentlich alle Sehenswürdigkeiten und Attraktionen gewähren Kinderermäßigungen auf ihren Eintrittspreis. Der Rabatt beträgt nicht selten bis zu 50 %.

Der Aufstieg zum Roque Nublo ist problemlos auch für Kinder zu bewältigen

Besuche in Wasser- und Freizeitparks können bei Preisen zwischen 15 und 30 € für Erwachsene und 5 bis 20 € für Kinder dennoch die Urlaubskasse belasten. Familienkarten lohnen erst ab vier Personen, und man spart gerade einmal um die 10 %. Auch Bootsausflüge gehen mit 35 bis 70 € für Erwachsene und 18 bis 50 € für Kinder ziemlich ins Geld.

Die Ermäßigungen gelten in der Regel für Kinder von zwei bzw. vier bis zwölf Jahre. Manchmal wird der Rabatt auch von der Körpergröße (z. B. unter 110 cm) abhängig gemacht. Ganz kleine Kinder sind, sofern zugelassen, meist gratis dabei. Für ältere oder größere Kinder wird der volle Preis verlangt. In Museen hat der Nachwuchs oft bis zwölf oder sogar 18 Jahre freien Eintritt, ältere Schüler und Studenten zahlen 50 bis 60 %.

ÜBERNACHTEN MIT KINDERN

Oft wird zwischen Hotels nur für Erwachsene (»adults only«) und Familienhotels unterschieden. Letztere sind auf Kinder aller Altersgruppen eingestellt. Sie stellen Kinderbetten und Familienzimmer zur Verfügung und integrieren in ihre Poollandschaften Planschbecken und Spielplätze. Auf Wunsch werden Babysitter vermittelt, und größere Anlagen bieten auch Kleinkinderbetreuung sowie Animationsprogramme für die größeren Kids an.

Viele Familien fühlen sich aber auch in Apartments und Ferienwohnungen wohl, die auf Gran Canaria in den verschiedensten Größen reichlich vorhanden sind, entweder in hotelähnlichen Anlagen oder auch ganz individuell von Privatvermietern. Ferienhäuser, am liebsten mit eigenem Pool, sind für die Kids der ganz große, wenn auch etwas teurere Hit. Reiseveranstalter gewähren Kindern von zwei bis elf Jahren etwa 20 % Ermäßigung auf Flug und Unterkunft. Die Kleinsten reisen gratis.

STRAND UND MEHR

Als schönster Familienstrand gilt die flach ins Meer abfallende Playa del Inglés. Kleiner, aber für Kinder besonders geeignet ist die Playa de Amadores. Noch als Geheimtipp gehandelt wird die Playa de Melenara bei Telde, an der sich vorwiegend einheimische Familien vergnügen. Der Klassiker, die Playa de Las Canteras in Las Palmas, wird durch eine Felsbarriere vor den Atlantikwellen geschützt. Sie ist auch ein beliebtes Revier für Schnorchler, ebenso wie die Playa del Cabrón bei Arinaga. An der Playa Anfi del Mar bei Puerto Rico können ältere Kinder das Segeln mit Katamaranen erlernen, Windsurfing wird schwerpunktmäßig am Strand von Pozo Izquierdo betrieben. Alle wichtigen Badestrände sind tagsüber bewacht und mit der üblichen Infrastruktur (sanitäre Einrichtungen, Strandlokale) ausgestattet.

Bei Wellengang wird die Brandung an der Playa del Risco bei Agaete schon mal zur Mutprobe

Regelmäßig ziehen Kamelkarawanen durch den wilden Barranco de Fataga

KLEINE UND GROSSE ABENTEUER

Ein absoluter Renner ist der Wasserpark Aqualand Maspalomas (S. 117) mit allerlei Rutschen, Abenteuerwelt und Wellenbad. In den Vergnügungspark Holiday World (S. 117) locken verschiedenste Kirmesattraktionen, der Sioux City Park (S. 110) entführt mit Filmkulissen und Shows in den Wilden Westen. Im kleinen Zoo Cocodrilo Park (S. 107) leben Reptilien, Affen und zahlreiche Vögel. Eselreiten ist bei Burro Safari Las Tirajanas (S. 159) angesagt, zum Kamelritt wird bei Arteara (S. 155) geladen. Ganz oben auf der Liste stehen auch Bootsfahrten, etwa mit dem Piratenschiff »Timanfaya« (S. 126) oder mit dem U-Boot »Atlántida Submarine« (S. 129). Ältere Kinder haben Spaß an Ausfahrten zur Wal- und Delfinbeobachtung, die ab Arguineguín, Puerto Rico und Puerto de Mogán angeboten werden.

NATUR UND KULTUR FÜR KIDS

Man braucht gar nicht weit zu fahren. In Meloneras sind Rieseneidechsen mit etwas Glück direkt an der Strandpromenade zu beobachten, die Lagune Charca de Maspalomas ist voller interessanter Seevögel. Durch die Palmenoase nebenan flattern Mönchssittiche, in den Tamarisken hinter der Playa del Inglés zwitschern wilde Kanarienvögel. Spannend sind auch einige geologische Formationen, etwa Los Azulejos de Veneguera (S. 135). Kleine Entdecker werden Spaß an Zeugnissen der Ureinwohner haben, etwa an den Höhlen Cuatro Puertas (S. 99) oder Cenobio de Valerón (S. 148). Im Museo Canario (S. 73) regen Mumien die Fantasie an. Ältere Kinder können im Museo Elder (S. 80) Wissenschaft und Technik interaktiv erkunden und mit dem Industrieroboter »Robocoaster« experimentieren.

Leuchtende Augen

In einem durchsichtigen Kajak über die geschützte Bucht vor der Playa de Las Canteras paddeln – das ist einzigartig auf Gran Canaria. In dem seichten Wasser tummeln sich zwischen wiegenden Seegrasblättern allerlei Fische, Seesterne und Krebse. Rund 150 Tierarten wurden schon gezählt. Die schicken Wasserfahrzeuge von Salitre Sport präsentieren sich komplett transparent, einmal abgesehen von den leuchtend grünen Paddeln und den orangefarbenen Schwimmkörpern. So steht der Inaugenscheinnahme der Unterwasserwelt nichts im Weg. Die Kajaks liegen schon startbereit am Strand. Nach einer kurzen Einführung springt man hinein, und los geht's. Jeder Teilnehmer sollte schwimmen können und Badekleidung tragen. Die günstigsten Bedingungen herrschen bei Niedrigwasser, weshalb man immer die Gezeiten im Auge haben sollte.

Salitre Sport, Las Palmas, Playa de Las Canteras, Tel. 60639 2341, www.salitresport.com, tgl. 10–19 Uhr (Reservierung empfohlen), 1 Std. für 2 Pers. 70 €, unter 15 Jahre nur in Begleitung eines Erwachsenen

KINDERTELLER

Spezielle Kinderteller gab es früher auf Gran Canaria nicht. Die Eltern bestellten für ihren Nachwuchs eine »media ración« (halbe Portion) eines normalen Hauptgerichts. Inzwischen stehen Kinderteller öfter auf der Speisekarte, auch dort, wo nicht überwiegend Touristen einkehren. Größere Ferienhotels bieten Ihren Gästen ohnehin meist Büfetts, auf denen sich auch Speisen finden, die Kinder gerne mögen, etwa Pizza und Pasta. Für die ganz Kleinen werden Hochstühle zur Verfügung gestellt.

Fantasievoll gestaltete Wasserrutschen sind das Markenzeichen des Spaß- und Erlebnisbads Aqualand in Maspalomas

Der Barock tritt seinen Siegeszug an

Im Zeitalter der Gegenreformation wurden die kanarischen Kirchen üppig mit barocken Kunstwerken ausgestattet. Der Klerus und die wohlhabenden Stifter scheuten dabei weder Kosten noch Mühen.

BAROCKE KIRCHENKUNST

Bis Mitte des 17. Jh. gab es auf den Kanarischen Inseln keine nennenswerte eigene Produktion von sakraler Kunst, die auch nur ansatzweise mit der Nachfrage hätte mithalten können. So ließ man Heiligenbilder, Skulpturen und Goldschmiedearbeiten aus Andalusien, Flandern, Italien und sogar Mexiko kommen. Auftraggeber waren das damals einzige Bistum der Kanaren in Las Palmas, die großen religiösen Orden der Franziskaner, Dominikaner und Augustiner sowie – wenn auch in geringerem Ausmaß – die ortsansässigen Adelsfamilien. Das änderte sich mit dem Barock. Als erste Stilrichtung schlug dieser auf den Kanaren Wurzeln und brachte bedeutende Künstler hervor. In den Städten entstanden Werkstätten, die Bilder und Figuren lieferten, um Kirchen, Klöster und die Hauskapellen der Großgrundbesitzer auszustatten. Zwar wurde nach wie vor auch importiert, aber doch wesentlich weniger als zuvor.

José Luján Pérez trug maßgeblich zur Ausgestaltung der Catedral de Santa Ana bei

Alle Spielarten der Kunst hatten ihren Anteil. Unter den Bildhauern ragt besonders José Luján Pérez (siehe Kasten, S. 35) heraus. Ab dem 17. und vor allem im 18. Jh. florierte die Verarbeitung von Edelmetallen. Aus Silber, das spanische Schiffe aus Amerika brachten, entstanden in kanarischen Werkstätten wertvolle Sakralgegenstände. Viele Kirchen wurden in dieser Zeit mit aufwendigen goldverzierten Retabeln geschmückt.

An diesen wandfüllenden Altarrückwänden waren jeweils mehrere spezialisierte Handwerker beteiligt: Drechsler, Bildhauer, Maler, Zimmerleute. Ein Architekt war für das Gesamtkonzept verantwortlich.

Unter den Malern der Barockzeit tat sich, speziell was Gran Canaria betrifft, Juan de Miranda (1723–1805) hervor. Dieser hinterließ nicht nur zahlreiche farbenfrohe Ölbilder mit klassizistischen Anklängen und Motiven wie der Vertreibung der Händler aus dem Tempel, sondern führte auch ein bewegtes Leben. Nachdem er 1748 nach La Laguna auf Teneriffa umgesiedelt war und dort seine ersten bedeutenden Arbeiten geschaffen hatte, wurde er zu sechs

Der Hauptaltar der Iglesia San Sebastián in Agüimes entstand Ende des 18. Jh.

Zuerst in die Kathedrale

Wichtigstes Pilgerziel für Freunde der Barockkunst ist die Catedral de Santa Ana in Las Palmas (S. 71). Hier sind die beiden Hauptwerke von José Luján Pérez zu sehen, der Santísimo Cristo im Kapitelsaal und die Nuestra Señora de Los Dolores in der gleichnamigen Seitenkapelle. Auch zwei Retabel schuf der Meister für die Seitenkapellen Santa María de la Antigua und Santo Patriarca. In der Capilla de San José zeigt ein Gemälde von Juan de Miranda den Schutzpatron des Bistums Las Palmas, Martial von Limoges. Unter den Goldschmiedearbeiten, die im Museu Diocesano de Arte Sacro aufbewahrt werden, ragt die Monstranz des Corpus Chico heraus, ein Werk von Andrés Osorio, das nach 14-jähriger Arbeit erst sein Sohn Antonio 1724 vollenden konnte.

Juan de Mirandas Gemälde »Die Vertreibung der Händler aus dem Tempel« entstand in den 1780er-Jahren

Jahren Gefängnis verurteilt, da er in »wilder Ehe« mit einer gewissen Juana Martín Ledesma lebte und mit ihr überdies mehrere Kinder hatte. Durch eine Heirat hätte er der Haftstrafe entgehen können. Warum die Ehe nicht zustande kam, ist nicht bekannt. So landete er schließlich doch im königlichen Kerker von Las Palmas, erwirkte aber mehrmals Aufschub der Haft, um wichtige Werke zu vollenden. Die Obrigkeit sah es mit Wohlwollen, denn »es ist notwendig für die Kunst und es gibt keinen besseren Maler in der Stadt«. Nach seiner Verlegung in die algerische Stadt Oran, die damals zu Spanien gehörte, und schließlich seiner Entlassung tingelte er jahrelang durch Alicante, Madrid und andere Städte, bevor er sich im Jahr 1773 endgültig in Santa Cruz de Tenerife niederließ – nicht ohne Las Palmas immer wieder zu besuchen und für die dortige Kathedrale zu arbeiten.

DAS BÜRGERTUM ERSTARKT

Nachdem in der Frühzeit des Barock die Geldmittel wegen wirtschaftlicher Stagnation knapp gewesen waren, kam die barocke Kunst um die Mitte des 18. Jh. zur vollen Blüte. Doch schon Ende des 18. Jh., mit zunehmender Emanzipation breiterer Gesellschaftsschichten, drehte sich der Wind. Auf Gran Canaria verlagerte sich

Der Meister des Barock

Aus Guía im Norden Gran Canarias stammte der berühmte Bildhauer José Luján Pérez (1756–1815). Sein Vater war ein gut situierter Landwirt und Lokalpolitiker. Schon als Kind beschäftigte sich Luján Pérez mit dem Schnitzen von Figuren. Ein Leutnant der örtlichen Milizen wurde auf ihn aufmerksam und riet den Eltern, ihn nach Las Palmas zum Erlernen der Zeichenkunst zu schicken. Rasch übertraf er dort an Fertigkeiten und Kenntnissen seine Lehrer und gründete bald seine eigene Schule. Vorwiegend hielt sich Luján Pérez an sakrale Themen, auch weil die Kirche sein wichtigster Auftraggeber war. Obwohl seine Arbeiten sich über den gesamten Archipel verteilen, befinden sich doch die meisten – 139 an der Zahl – auf seiner Heimatinsel. Teneriffa folgt mit 43 Werken. Stark beeinflusst vom Barock der spanischen Levante (»barroco levantino«), der wiederum in engem Kontakt mit Italien stand, entwarf er die Körper seiner Skulpturen oft eher skizzenhaft. Seine ganze Leidenschaft galt dem Faltenwurf der Gewänder, inspiriert durch die von Caravaggio entwickelte Helldunkelmalerei (Tenebrismus), die durch starke Kontraste die Spannung steigert. Eine besondere Vorliebe zeigte Luján Pérez für die »Dolorosas«. Fast zwei Dutzend dieser dramatischen Schmerzensmadonnen schuf er, stets mit gerunzelten Brauen und traurig blickenden Augen. José Luján Pérez beeinflusste die kanarische Kunst wie kein anderer. Hatten die Künstler zuvor ihre Anregungen vorwiegend von auswärts bezogen, so orientierten sich fortan alle an ihm.

das wirtschaftliche Geschehen von den ländlichen Zentren nach Las Palmas, die Einkünfte von Kirchen und Klöstern verringerten sich spürbar, die Religiosität ließ nach. Auftraggeber für Kunst wurden nun immer öfter die Bürgerschaft und öffentliche Institutionen. Die Künstler passten sich an. Luján Pérez fungierte gegen Ende seines Lebens als Berater des Inselrats, und sein begabtester Schüler, Fernando Estévez (1788–1854), arbeitete im nun angesagten Stil des Klassizismus.

Büste von José Luján Pérez in Guía

Auf geht's in die fünfte Jahreszeit

Südamerikanisch geht es beim kanarischen Karneval zu, in der Inselhauptstadt Las Palmas ist er beinahe so aufregend wie in Rio. Farbenfrohe Umzüge, nächtelanger Tanz zu Salsa-Musik und aufwendige Galas begleiten das Ereignis.

PRINZESSINNEN UND DRAG QUEENS

Damit die Narren überall mit von der Partie sein können, werden die »tollen Tage« in den verschiedenen Inselstädten zeitversetzt gefeiert. Mancherorts geht es schon im Januar zur Sache, und mit dem Aschermittwoch ist noch lange nicht alles vorbei. Erste Karnevalsumzüge mit Prunkwagen sind in Las Palmas für das 19. Jh. bezeugt. Damals erstarkte das Handelsbürgertum, gründete Clubs und Zirkel. In diesen Institutionen überlebte der Karneval, als er unter der Franco-Diktatur im 20. Jh. jahrzehntelang verboten war, unter dem unverfänglichen Namen »Fiestas de Invierno« (Winterfest). Ab 1976 fand eine Wiederbelebung des Straßenkarnevals statt, wobei sich traditionell die meisten Männer als Frauen verkleiden.

So erklärt sich die ungeheure Popularität der Gala Drag Queen am Rosenmontag im Parque de Santa Catalina, die mit ihren aufsehenerregenden Präsentationen sogar mehr Besucher anzieht als die Wahl der Karnevalskönigin. Wobei 2017 der Fall des Siegers Drag Sethlas hohe Wellen schlug. Zu Musik von Madonna und Lady Gaga hatte er sich auf der Bühne von der Jungfrau Maria in den ans Kreuz geschlagenen Jesus verwandelt. Der Bischof von Las Palmas sprach am nächsten Tag von einer »blasphemischen Frivolität«. Eine Klage der Vereinigung christlicher Anwälte wegen Verletzung religiöser Gefühle wurde allerdings vor Gericht auch in der Berufung abgewiesen. »Ich will Religionslehrer werden«, enthüllte Sethlas, der mit bürgerlichem Na-

Ein Höhepunkt der Feierlichkeiten in Las Palmas ist die Wahl der Karnevalskönigin

Der Karneval ist ein Fest für die ganze Familie. Selbst die Kleinsten werfen sich schon in Schale

men Borja Casillas heißt, gegenüber der Tageszeitung »La Provincia«. »Die Idee kam aus dem Nichts. Ich wollte etwas anderes machen, was sonst niemand wagte.«

NICHT NUR IN LAS PALMAS

Andere Gemeinden ziehen nach. Auch sie veranstalten Umzüge und Tanzbälle, wählen Drag Queen und Karnevalskönigin, wobei bei Letzterer das aufwendige Kostüm, das bis zu 60 kg wiegen kann, über Sieg oder Niederlage entscheidet! Das allgemeine Thema wechselt von Jahr zu Jahr. Unter welchem Motto der Karneval etwa in Telde steht, dürfen die Bewohner selbst entscheiden. Für 2019 votierten 60,25 % der Befragten für das Paris der Boheme und des Moulin Rouge. Weitere Karnevalshochburgen sind Agüimes, Vecindario, Arguineguín und selbstverständlich Maspalomas. Dort wurde für 2019 als Thema der Mond eingeplant, zum 50-jährigen Jubiläum der ersten Mondlandung, die auch von einem Kontrollzentrum der NASA bei Maspalomas begleitet wurde. Im Zentrum des Geschehens steht das Einkaufszentrum Yumbo mit Galas und Tanzveranstaltungen. Zum Abschluss wird die »Sardine« an der Playa del Inglés »beerdigt«, natürlich nicht, bevor ihr »Testament« verlesen wurde.

Termine

Getreu dem Motto »Nach Karneval ist vor Karneval« geben die Gemeinden die Termine für das kommende Jahr teilweise schon im März bekannt. Für die Urlaubsplanung ist das hochwillkommen. Aktuelle Programme findet man unter:
Las Palmas: www.lpacarnaval.com, Telde: www.telde.es, Maspalomas: www.facebook.com/carnavalinternacionalde maspalomas

Die Timple – ein besonderes Instrument

Das kleine, traditionelle Saiteninstrument wird gern bei der kanarischen Folkloremusik benutzt, kann aber auch solo gespielt werden. Wegen seiner Form nennen es die Canarios liebevoll »el camellito« (Kamelchen). Durch Zupfen werden auf der Timple hohe, scheppernde Töne erzielt, die bei Instrumentalmusik den Sopran ersetzen.

EIN HOCHWERTIGES INSTRUMENT

Ob die Timple erst im 19. Jh. entstanden ist oder schon seit der Conquista auf den östlichen Kanarischen Inseln gespielt wird, darüber gehen die Meinungen auseinander. Früher gab es überall Instrumentenbauer,

inzwischen zählt Alberto Cárdenes González aus Ingenio zu den letzten seiner Zunft. Sein Markenzeichen ist das Seepferdchen, das als filigrane Holzeinlegearbeit seine Timples ziert. Für so ein edles Exemplar muss man rund 500 € hinblättern. Nur wirklich passionierte Spieler sind bereit, diese Summe auf den Tisch zu legen. Albertos Kollege Honorio Pulido aus Guía, der während seiner aktiven Zeit zwei bis drei Timples pro Jahr anfertigte, brachte es auf den Punkt: »Gut, dass ich eine andere Arbeit hatte, denn davon kann niemand leben«, verriet er der

Die typische Timple ist nur rund 60 cm groß

Online-Zeitung »Canarias7«. Zu seinem Leidwesen sind heute in China nachgebaute Timples für nur 60 € in Musikgeschäften zu haben. Sie machen inzwischen die Masse der verkauften Instrumente aus.

DER LOKALMATADOR

Der aktuelle Star der grancanarischen Timple-Szene heißt Germán López. Natürlich spielt er mit Instrumenten von Alberto Cárdenes González. 1983 auf der Insel geboren, machte sich López schon frühzeitig bei Talentwettbewerben einen Namen. Im Jahr 2006 erschien mit

Der Timple lauschen …

In Hotels und Restaurants begleiten Folkloregruppen oft das Abendessen. Authentischer lässt sich Timple-Musik auf einem der vielen Kirchweihfeste erleben. Spezielle Timple-Konzerte werden unter www.ociolaspalmas.com angekündigt. *Hörproben und Videos: www.germanlopeztimple.com, www.facebook.com/albertocardenes*

»Timplíssimo« seine erste Solo-CD. Weit über die Kanaren hinaus hatte er Auftritte, etwa im legendären Café Central in Madrid oder – in jüngerer Zeit – sogar in Kanada, den USA und China. Zu den Künstlern, mit denen er zusammengearbeitet hat, zählen der ebenfalls aus Gran Canaria stammende Jazzgitarrist Yul Ballesteros oder das Allroundtalent Luis Morera von der Insel La Palma, der sich nicht nur als Sänger und Musiker, sondern auch als Maler, Bildhauer und Architekt betätigt. Letzterer schrieb Germán López ins Poesiealbum: »Mit Freuden sehe ich, wie du den Klang unserer Identität verbreitest und dass die eigentlich so kleine Timple in deinen Händen groß wird.« Sein neuestes Album »Canela y Limón« nahm López gemeinsam mit dem Gitarristen Antonio Toledo aus Cádiz auf.

Obwohl er stets auf gepackten Koffern sitzt, hat Germán López auch Pläne für seine Heimatinsel. So kämpft er im Moment dafür, die Timple am Konservatorium von Las Palmas zu etablieren. Über die Zukunft befragt, sagte er im Interview mit der Zeitung »Canarias7«: »Ich glaube, dass diese garantiert ist, da es sich um ein bei uns stark verwurzeltes Instrument handelt.«

Mühevolle Handarbeit beim Instrumentenbau

Spanische Eroberung und Monokulturen

Die zuvor von Ureinwohnern besiedelte Insel wurde im 15. Jh. von Spanien okkupiert. In der Folge wurden Zucker, später Wein, Cochenillerot und Bananen exportiert. Eine wichtige Rolle als Drehscheibe im Atlantik spielt der Hafen von Las Palmas, doch als Einnahmequelle hat ihn der Tourismus überflügelt.

1478: EROBERUNG DURCH DIE SPANIER

18. August 1480
Pedro de Vera trifft mit einer Armada in Las Palmas ein und verleiht der Conquista neue Impulse.

In Ingenio, einst ein wichtiges Zentrum der Zuckerproduktion, ist eine Nachbildung einer Zuckermühle zu sehen

Mindestens 20 000 Menschen lebten auf Gran Canaria, als am 24. Juni 1478 die Conquista mit der Landung kastilischer Truppen unter Juan Rejón begann. Aus seinem Militärlager ging später die Vegueta, die Altstadt von Las Palmas, hervor. Zunächst formierte sich ein erbitterter Widerstand der Altkanarier. Die Eroberung ging kaum voran, auch wegen Streitigkeiten unter den Kriegsherren. Auf königlichen Befehl wurde Rejón abgesetzt, woraufhin dieser seinen Nachfolger exekutieren ließ.

Die Lage beruhigte sich erst, als Pedro de Vera 1480 den Posten des Gouverneurs von Gran Canaria antrat und Rejón verhaftete. Im Folgejahr gelang es Vera, den streitbaren Feldherrn Doramas bei Arucas im Zweikampf zu besiegen. Damit war der Weg in den Inselwesten frei, bei Agaete wurde ein Festungsturm errichtet. Wenig später wurde der Guanarteme (Fürst) von Gáldar gefangen genommen, der nach seiner Taufe allerdings mit Vera kooperierte.

Am Pico de Gáldar erlitten die Spanier noch einmal eine verlustreiche Niederlage gegen den neuen Guanarteme Bentejuí, der sich dann allerdings in die natürliche Festung La Fortaleza in den Bergen zurückzog. Dort wurde er belagert und soll sich in letzter Not den Felshang hinab in den Tod gestürzt haben. Damit war die Eroberung Gran Canarias am 29. April 1483 abgeschlossen. Die verbliebenen Ureinwohner vermischten sich rasch mit den europäischen Siedlern.

Bananenpackerinnen in den Straßen von Las Palmas (Aufnahme aus den 1910er-Jahren)

15./16. JH.: ZEITALTER DES ZUCKEREXPORTS

Gleich nach der Conquista kam das Zuckerrohr nach Gran Canaria und avancierte rasch zu einem lukrativen Exportartikel. Der feuchte Inselnorden wurde unter Großgrundbesitzern verteilt, die Plantagen anlegten und Zuckermühlen errichteten. Spezialisten von Madeira wurden geholt, wo die Portugiesen bereits jahrzehntelang erfolgreich Zuckerrohr anbauten. Für die Schwerstarbeit auf den Feldern schaffte man Sklaven aus dem benachbarten Afrika herbei. Die Agrarwirtschaft Gran Canarias war fortan durch eine gigantische Ausbeutung von Mensch und Natur gekennzeichnet. In Las Palmas ließen sich Ausländer nieder, besonders Genuesen und Flamen, die den Zuckerhandel mit den europäischen Hafenstädten organisierten. Riesige Vermögen wurden in dieser Zeit gemacht. Ab 1550 kam es dann zu einem Niedergang der Zuckerproduktion, verursacht durch die billigere Konkurrenz in Brasilien. Die letzten Zuckermühlen auf Gran Canaria schlossen Anfang des 17. Jh. Doch der »ciclo azucarero« (Zuckerzyklus) diente als Blaupause für weitere Monokulturen.

19. JH.: ROTER FARBSTOFF AUS LÄUSEN

An verwilderten Feigenkakteen (Opuntien) sind zuweilen dicke, nicht wirklich ästhetische Parasiten zu sehen. Es handelt sich um Cochenilleläuse, die einen wertvollen karminroten Naturfarbstoff liefern. Wobei die Ernte

In Las Palmas' Kreuzfahrtterminal im Puerto de la Luz legen die Ozeanriesen an

wegen der Kaktusstacheln eine Herausforderung ist und in dicker Schutzkleidung verrichtet werden muss. Die ursprünglich aus Mexiko stammende Laus wurde mitsamt der Opuntie in den 1820er-Jahren auf Gran Canaria eingeführt, wo sich die Farbstoffproduktion rasch zum wichtigsten Wirtschaftsfaktor entwickelte. Man sprach gar vom »roten Gold«. Doch um 1880 endete der Cochenilleboom aufgrund der Konkurrenz der synthetischen Farben im Textilsektor. Heute wird das Naturrot wieder öfter zum Einfärben von Nahrungsmitteln und Lippenstiften anstelle von künstlichen Farbstoffen verwendet. So erhofft sich Gran Canaria eine neue Zukunft für die Cochenilleproduktion. Eine geschützte EU-Herkunftsbezeichnung (DOC) wurde bereits geschaffen, das Internet hilft den ersten Produzenten beim Vertrieb. Allerdings soll nicht wieder eine Monokultur daraus werden.

1957 *Auf Gran Canaria landet ein schwedisches Flugzeug, das erstmals ausschließlich Touristen an Bord hat.*

1962 *Im Süden der Insel beginnt eine französische Firma auf menschenleerem Gebiet mit der planmäßigen Anlage des Mega-Ferienorts Maspalomas.*

1970ER-JAHRE: DER TOURISMUS BOOMT

Durch den Tourismus schwang sich Gran Canaria zu neuem Wohlstand auf. Zu den rund 845 000 Einwohnern gesellen sich heute jedes Jahr über 4 Mio. Urlauber. Zaghafte Ansätze gab es schon Ende des 19. Jh., als die ersten Kreuzfahrtschiffe in Las Palmas anlegten und dort die Hotellegende Santa Catalina errichtet wurde. So richtig los ging es aber erst in den 1950er-Jahren, und von einem Boom kann ab etwa 1970 gesprochen werden. Seither ist der Tourismus die Haupteinnahmequelle der Insel. Ein faktischer Baustopp gilt seit der Jahrtausendwende, daher können sich die Hoteliers auf Gran Canaria vor Anfragen kaum retten. Zwar steigen die Touristenzahlen nicht mehr so rasant wie in den vergangenen Jahren, auch weil sich Konkurrenzmärkte wie die Türkei wieder erholen. Dennoch wird die touristische Zukunft der Insel sehr positiv beurteilt.

Am Puls der Zeit

Die Sache mit dem Wasser

Über die Genießbarkeit des Leitungswassers auf Gran Canaria gehen die Meinungen auseinander. Viele Canarios stören sich am Chlor und dem seltsamen salzigen Geschmack. Die Einheimischen behelfen sich ersatzweise mit Tafelwasser aus dem Supermarkt, das sie auch zum Kochen verwenden, was auf Dauer spürbar ins Geld geht. Dabei gab es deutliche Verbesserungen bei der Versorgung der Privathaushalte. Bis vor wenigen Jahren befand sich das Wasser aus Stollen in den Bergen oder aus Tiefbrunnen vorwiegend in Privatbesitz und war damit ein Spekulationsobjekt. Dies änderte sich allmählich durch Talsperren und Entsalzungsanlagen, die seit Mitte des 20. Jh. von der öffentlichen Hand errichtet wurden. Der Füllstand der Stauseen kann allerdings in trockenen Jahren auf ein Zehntel der Kapazität absinken. Dann muss die Produktion der Entsalzungsanlagen hochgefahren werden. Inzwischen werden sie oft mit Ökostrom aus Fotovoltaikanlagen betrieben. Trotz des Aufwands liegt der Wasserpreis mit ca. 1,20 € pro Kubikmeter unter demjenigen in Deutschland (rund 2 €). Dennoch können viele Bewohner von Las Palmas ihren Stadträten nicht verzeihen, dass sie 1993 im Rahmen einer Teilprivatisierung des Wasserwerks Emalsa 66 % der Anteile aus der Hand gegeben haben. Einzig Pepa Luzardo, die spätere Bürgermeisterin, stimmte seinerzeit dagegen und sah »viel Schatten« bei diesem Vorhaben. Zuletzt im Mai 2018 wollten die Mehrheitseigner eine Preiserhöhung durchsetzen, was am Veto der Stadt scheiterte.

Das Hinterland der Insel zählt 60 Stauseen – hier der Embalse de Ayagaures

Das Kolumbus-Haus von Las Palmas

Die Casa de Colón trägt den Namen eines der berühmtesten Männer der Welthistorie. Christoph Kolumbus oder Cristóbal Colón, wie er in Spanien heißt, wird gerne mit dem imposanten Altstadtpalast in Las Palmas in Verbindung gebracht.

Hat Christoph Kolumbus auf seiner ersten Entdeckungsfahrt 1492 wirklich in der Casa de Colón (S. 70) gewohnt, während er auf die Reparatur seiner Karavelle »Pinta« wartete? Historische Belege dafür gibt es nicht, einiges spricht allerdings dafür. Las Palmas bestand damals aus nur wenigen Häusern. Standesgemäße Herbergen gab es sicherlich nicht. Das Wohnhaus des Gouverneurs, das ihm zugleich als Amtssitz diente, scheint das einzige zweistöckige und zugleich einigermaßen komfortable Gebäude in der noch jungen Stadt gewesen zu sein. Kolumbus traf bei seinem Besuch in Las Palmas Alonso de Lugo an, der hier die Eroberung der Insel La Palma vorbereitete. Dessen Truppen mussten an Bord ihrer Schiffe übernachten, da es an Unterkünften an Land mangelte. Ein so wichtiger Gast wie Kolumbus wird hingegen im Haus des Gouverneurs logiert haben – falls er wirklich in Las Palmas gelandet ist und nicht etwa weiter südlich im Hafen von Gando, wie manche vermuten. So oder so dürfte er dem Gouverneur, dem königlichen Repräsentanten auf der Insel, seine Aufwartung gemacht haben.

GOUVERNEURE VON KÖNIGS GNADEN

Das Königshaus suchte für dieses Amt stets Persönlichkeiten aus, die dem Hof nahestanden. Niemals wurde ein Ortsansässiger berufen, um Korrup-

Die Casa de Colón in der Altstadt von Las Palmas beherbergt heute ein Museum

tion und Vetternwirtschaft nach Möglichkeit einen Riegel vorzuschieben. Pedro de Vera, der die Eroberung Gran Canarias abgeschlossen hatte, war 1491 von den Katholischen Königen aus dem Amt des Gouverneurs entlassen worden, da die Entwicklung der Insel nach deren Geschmack zu langsam voranging. So hatte zu dem Zeitpunkt, als Kolumbus in Las Palmas weilte, Francisco Maldonado aus Salamanca den Posten des Gouverneurs inne. Wie die Audienz abgelaufen sein mag, lässt sich nur erahnen. Zeitgenossen charakterisierten Maldonado als Menschen, der »sehr leutselig und erheiternd war, gesellig und beliebt«. So dürfte das Zusammentreffen nicht allzu förmlich abgelaufen sein.

Maspalomas ehrt den berühmten Entdecker mit einer hohen Statue

ENTWICKLUNG ZUM KÜNSTLERTREFF

Vom alten Gouverneurshaus ist kaum etwas erhalten geblieben. Nur der gotische Brunnen im größeren der beiden Patios kann mit einigermaßener Sicherheit ins 15. Jh. datiert werden. Erst in den 1940er-Jahren erfolgte die Umbenennung in Casa de Colón. Treibende Kraft hinter der Restaurierung des Gebäudes war der Schriftsteller und Journalist Néstor Álamo, der »frischen Wind in die Vegueta bringen« wollte. Sein Gedanke war, der Insel – die damals noch nicht über eine Universität verfügte – ein Kultur- und Forschungszentrum für Geschichte, Archäologie und Kunst zu geben. Ab dem Jahr 1951 übernahm es nach und nach diese Funktion. Die erste Picasso-Ausstellung Gran Canarias fand hier statt, und die Casa de Colón wurde bald zu einem Treffpunkt für Künstler und Intellektuelle.

In den 1960er-Jahren ging schließlich die heutige Universität von Las Palmas aus dem Projekt hervor. Nachdem diese sich verselbstständigt hatte, musste die Casa de Colón ihre Position neu definieren. Unter der Leitung von Elena Acosta Guerrero wurde sie in den 1980er-Jahren umstrukturiert. Die wissenschaftliche Ausrichtung ist geblieben. Es werden Publikationen gefördert, Kongresse ausgerichtet und Ausstellungen veranstaltet, die das Kulturgut der Kanaren einem breiten Publikum vorstellen.

Eine besondere Statue

In Maspalomas, an der Zufahrt nach Meloneras, steht auf einer hohen Säule eine steinerne Kolumbus-Figur. In einer Inschrift auf dem Sockel heißt es sinngemäß: »Kolumbus besuchte diesen schönen Ort am 24. Mai 1502«. Auf seiner vierten und letzten Reise nahm er vor der Überquerung des Atlantiks hier noch einmal Wasser und Brennholz an Bord. Sein Sohn und Chronist Fernando überlieferte der Nachwelt diese wenig bekannte Episode.

Gran Canaria wartet mit grandiosen Wanderrouten auf. Aber achten Sie darauf, nicht zu spät den Heimweg anzutreten

Auf Schusters Rappen

Gran Canaria ist beileibe nicht nur eine Top-Destination für den Strandurlaub. Im gebirgigen Inselinneren sind die Wandermöglichkeiten schier grenzenlos. Hauptsaison ist von November bis Anfang Mai, aber auch in den Sommermonaten wird gewandert.

WECHSELNDE WANDERMODEN

Die Erschließung der Bergwelt begann 1932 mit der Erstbesteigung des Roque Nublo durch die deutschen Ingenieure Ranschert, Langenbacher und Wolffschmitt. Nach ihnen ist bis heute die »Via del Alemán« benannt, eine von mehreren Kletterrouten zum Gipfel. Für Otto Normalverbraucher sind diese ebenso wenig geeignet wie die 2012 im Barranco Berriel oberhalb von Bahía Feliz installierte »Ferrata Extraplomix«, der vielleicht extremste Klettersteig der Welt. Ohne bergsteigerische Fähigkeiten machbare Wanderwege wurden seit den 1960er-Jahren erschlossen, als der Tourismus begann, den Kinderschuhen zu entwachsen. Man markierte Hirtenpfade und alte Verbindungswege. Inzwischen sind Wanderstiefel ein vertrautes Bild auf Gran Canaria.

Nach wie vor sieht man allerdings außer den einheimischen Schafhirten vorwiegend Touristen zu Fuß in den Bergen unterwegs. Galt doch das klobige Wanderschuhwerk bei der kanarischen Damenwelt bis vor Kurzem als äußerst unsexy. Selbst die modebewussten Männer ließen sich nur ungern darin blicken. Mit der jüngeren Generation scheint sich diese Einstellung zu ändern.

SO GEHT ES SICH AM BESTEN

Die Frage, ob man auch mit Turnschuhen wandern kann, beantworten Gran Canarias »Wanderpäpste« Roland und Jörg auf ihrer Internetseite wie folgt: »Prinzipiell ist alles möglich, wenn Sie sportlich genug sind. Wir empfehlen Ihnen jedoch gute Wanderschuhe.« Wegen des oftmals steinigen Untergrunds sollten diese eine feste Profilsohle haben und knöchelhoch sein. Ansonsten hilft Zwiebellook weiter. Während es mittags bei Sonnenschein selbst in den Wintermonaten sehr heiß werden kann, kühlt es in den Bergen gegen Abend oder wenn Wolken aufziehen, spürbar ab. Im Extremfall schneit es sogar. Dann tun Ziphosen und ein Anorak gute Dienste. Wer mag, nimmt Wanderstöcke mit, denn längere Abstiege sind nicht selten. Und an Wasser und Proviant denken! So ausgerüstet, steht dem Vergnügen nichts mehr im Wege. Am schönsten sind übrigens die Zeit der Mandelblüte ab Januar und das Frühjahr, wenn überall die Blumen sprießen. Und das Beste: Die Wege sind nie überlaufen, denn die meisten Urlauber zieht es eben doch an die Strände, wo man barfuß oder in Flipflops unterwegs sein kann.

Organisierte Touren

Geführte Wanderungen durch Gran Canarias Bergwelt bieten Roland & Jörg (www.grancanariamitroland.de) an. Eine Tageswanderung beläuft sich auf 45 € pro Person. In den Hotels zwischen Bahía Feliz und Meloneras werden Gäste kostenfrei abgeholt, bis Mogán gegen Gebühr. Wer auf eigene Faust loszieht, findet Hinweise unter www.grancanaria.com oder in der einschlägigen Wanderliteratur.

Wer die Insel zu Fuß entdecken will, sollte auf festes Schuhwerk achten

Eine Flora für Entdeckernaturen

Bei den großblütigen Bäumen und Sträuchern in Hotelgärten und Parks handelt es sich um exotische Importe aus aller Welt. Hingegen hält die Landschaft Gran Canarias erst auf den zweiten Blick einige spektakuläre botanische Schätze bereit.

WECHSEL MIT DER HÖHE

Jardín Botánico Canario
Wer sich eingehender mit der Kanarenflora beschäftigen möchte, sollte den Besuch des Botanischen Gartens von Las Palmas (S. 84) nicht versäumen.

Auf Alexander von Humboldt, der 1799 Teneriffa bereiste, geht die Einteilung der Vegetationszonen auf den Kanaren zurück, die sich wie Gürtel um die Inseln legen. Im halbwüstenhaften Küstenbereich ist die Pflanzendecke schütter. Trockenes Buschwerk kennzeichnet den Übergang zur Bergregion. Dort war an den regenreichen Nordabhängen von Natur aus zwischen 500 und 1500 m Höhe der üppige Lorbeerwald zu Hause. Dieser artenreiche Vegetationstyp ist auf Gran Canaria noch bei Moya zu finden (S. 57). Lichter Wald aus Kanarischen Kiefern (S. 162) bedeckte einst die trockeneren Berghänge des Südens und prägt sie teilweise bis heute, am schönsten im Pinar de Tamadaba (S. 167). Nun ist Gran Canaria mit maximal 1956 m nur halb so hoch wie Teneriffa. Die subalpine Höhensteppe ist also nicht so ausgeprägt wie auf der Nachbarinsel, aber es gibt sie.

NUR HIER UND SONST NIRGENDS

Vor Jahrmillionen war eine ähnliche Flora wie die der Kanarischen Inseln in weiten Teilen Europas verbreitet. Klimaveränderungen durch die Auffaltung der Alpen und die Eiszeiten führten zu ihrem allmählichen Aussterben. Nur vereinzelt hielten sich kümmerliche Reste, etwa einzelne Lorbeerwälder auf der Iberischen Halbinsel. Auf den Kanaren hingegen blieb das Klima mild. Leichte Schwankungen konnten die Pflanzen ausgleichen, indem sie die Höhenlage wechselten.

Infolge wiederholter Vulkanausbrüche wuchs die Insel Gran Canaria vor etwa 14 Mio. Jahren erstmals über den Meeresspiegel hinaus. Damals begann die Besiedelung der Insel mit Pflanzen, deren Samen oder Sporen mit dem Passatwind und Zugvögeln von Europa herüberkamen. Durch die isolierte Lage entwickelten

Der seltene Kanarische Fingerhut gehört zu den bedrohten Pflanzenarten

sich allmählich endemische Arten, die nirgendwo sonst auf der Welt vorkommen. Fast 100 Blütenpflanzen sind auf Gran Canaria beschränkt, weitere rund 100 findet man auch auf anderen Kanareninseln. Dem stehen etwa 400 Arten gegenüber, die außerhalb des Archipels ebenfalls zu Hause sind, entweder auf weiteren Atlantikinseln oder auf dem europäischen Kontinent. Vom nahen Afrika weht nur selten Wind herüber. Entsprechend gering war der Einfluss auf die Kanarenflora. Eine Ausnahme stellt der Kanarische Zwergfingerhut mit seinen orangefarbenen Blütenständen dar. Ebenso wie die orangerote Kanarische Glockenblume, beides Pflanzen des Lorbeerwaldes, wird er von Vögeln bestäubt. Diese Form der Befruchtung ist ansonsten nur aus den Tropen bekannt.

Der Lorbeerwald von Tilos de Moya steht heute unter strengem Schutz

FORSCHUNGSGESCHICHTE

Um die Erforschung der Flora Gran Canarias machte sich insbesondere der deutsche Botaniker Günther Kunkel (1928–2007) verdient, der von 1964 bis 1977 auf der Insel lebte. In dieser Zeit veröffentlichte er zahllose Abhandlungen, untersuchte über 100 Endemiten und entdeckte manche neue Art. Als er sich in den 1970er-Jahren dem Bau eines Hotels und einer Seilbahn im Pinar de Tamadaba widersetzte, entließ ihn der Inselrat aus

Ingenios Endemitengarten
Die Stadt Ingenio hat dem Botaniker Günther Kunkel und seiner Frau Mary Anne ein Fliesenrelief gewidmet, das von einem Endemitengarten umgeben ist (S. 104).

Die Kanaren-Wolfsmilch wurde zum offiziellen Natursymbol Gran Canarias erklärt

seiner Funktion in der Forstbehörde. Kunkel verließ daraufhin Gran Canaria. Im Nachhinein hatte er dennoch Erfolg, denn der Pinar de Tamadaba blieb von Bebauung verschont. 2015 gab der Inselrat als eine Art Wiedergutmachung Kunkels »Flora de Gran Canaria«, von seiner britischen Frau Mary Anne reich illustriert, neu heraus. »Er war unermüdlich«, verriet die zur Präsentation des Buches angereiste Witwe in einem von Yuri Millares geführten Interview. Im Internet wird das umfangreiche Werk antiquarisch für rund 500 € angeboten.

BOTANISIEREN VOM FEINSTEN

Urlaubern fällt auf der Fahrt vom Flughafen zum Ferienquartier zunächst einmal die Kanaren-Wolfsmilch ins Auge, deren kaktusförmige Äste wie Ausrufezeichen aus der kargen Landschaft ragen. Charakterpflanze des trockenen Buschwalds mittlerer Höhen ist der Drachenbaum, der einen früher begehrten roten Farbstoff lieferte. Einige Exemplare sind noch zwischen Vega de San Mateo und Santa Brígida zu bewundern, darunter der rund 230 Jahre alte Drago de Pino Santo bei Hoya Bravo. Als Relikt des einst verbreiteten Lorbeerwalds gilt der buschförmige, bis 4 m hohe Blaue Natternkopf (Echium callithyrsum). Dieser Gran-Canaria-Endemit wächst nur noch an wenigen Stellen, etwa bei Tenteniguada oberhalb von Valsequillo, wo er einen großen Bestand bildet. Im Kiefernwald stellen Zistrosen mit ihren wie

Literatur
Als handlicher Führer hat sich das Taschenbuch »Kanarische Pflanzenwelt« von Peter und Ingrid Schönfelder (Zech Verlag, Teneriffa 2018) bewährt.

Nationalpark – ja oder nein?

Gerade wird wieder diskutiert, ob auf Gran Canaria der fünfte Nationalpark der Kanaren eingerichtet werden soll. Dazu sollen die bereits als Naturpark ausgewiesenen Kiefernwälder von Tamadaba und Inagua mit dem botanisch äußerst interessanten subalpinen Roque Nublo zusammengefasst werden. Hinzu soll das unberührte Küstengebiet im Westen mit der einsamen Playa de Güigüi kommen, der angrenzende Meeresstreifen würde ebenfalls einbezogen. Dies entspräche dem Kernbereich des 2005 geschaffenen Biosphärenreservats der UNESCO, das etwa 43 % der Inselfläche umfasst. Francisco González, beim Inselrat für die Naturschutzgebiete zuständig, versichert, die Bedeutung der ausgewählten Landschaften sei »hinreichend dokumentiert«. Sie repräsentierten die verschiedensten schützenswerten Vegetationsformen.

zerknittertes Seidenpapier aussehenden, im Frühjahr erscheinenden Blüten den bescheidenen Unterwuchs dar. In der subalpinen Stufe der höchsten Gipfel bedeckt die Kleinblättrige Teline, ein ginsterähnlicher, endemischer Strauch, oft ganze Flächen. In Felsspalten kleben Dickblattgewächse der Gattung Aeonium.

Aeonium arboreum ist auf den Kanaren endemisch und kann bis zu 2 m hoch werden

Rundfahrt von Maspalomas durch das wilde Bergland

Diese Fahrt führt zu den schönsten Ecken Gran Canarias. Auf dem Weg liegen Palmenoasen, malerische Bergdörfer und bizarre Felsen im Inselinneren. Über aussichtsreiche Strecken geht es in den grünen Norden mit seinen Marktorten und Villensiedlungen. Im Osten stehen die Städte Telde und Ingenio auf dem Programm, bevor man an die windexponierte Südostküste gelangt. Die Route führt fast ausschließlich über meist schmale, eher wenig befahrene Landstraßen.

Die Tour auf einen Blick:

Start und Ziel: Maspalomas & Costa Canaria
Gesamtlänge: 149 km
Reine Fahrzeit: ca. 4 Std. (Tagestour)
Orte entlang der Route: Arteara – Fataga – San Bartolomé de Tirajana – Tejeda – Cruz de Tejeda – Vega de San Mateo – Santa Brígida – Telde – Cuatro Puertas – Ingenio – Castillo del Romeral

E1 VON MASPALOMAS NACH SAN BARTO-LOMÉ DE TIRAJANA (25 km/45 Min.)

In der eindrucksvollsten Schlucht Gran Canarias liegen Oasen und Bergdörfer am Wegesrand

Schroffe Felsen umgeben das ockerfarbene Tal des Barranco de Fataga

Aus Maspalomas (S. 112) fährt man auf der Landstraße GC60 Richtung Norden heraus und befindet sich sofort in einer anderen Welt. Rasch bleibt die dichte Bebauung der Ferienstadt zurück. Wüstenhafte Landschaft umgibt die schmale Straße. Bald kündigt sich das Bergland durch erste Kurven an. Wer mag, kann am Freilichtmuseum Mundo Aborigen (S. 122) einen Halt einlegen. Dann folgt die Degollada de las Yeguas (S. 155) mit Blick in den großartigen Barranco de Fataga. Die Straße senkt sich jetzt zum oasenhaften Grund der Schlucht ab, wo das Obstbauerndorf Arteara (S. 154) erreicht wird. Wer mag, legt einen 2 km langen Spaziergang zur prähistorischen Nekropole ein. Am Ortseingang serviert die Cafeteria eines Kamelparks Getränke. Nächstes Ziel ist das weithin sichtbare weiße Bergdorf Fataga (S. 155).

*ADAC Traumstraße:
Etappen 1 bis 6
(Detailplan siehe
Faltkarte Rückseite)*

Hier sollte man einen Rundgang durch die engen Gassen nicht versäumen. An der Hauptstraße gibt es Einkehrmöglichkeiten. Oberhalb von Fataga liefert der Molino de Agua, eine historische Wassermühle, ein interessantes Fotomotiv. Die kargen Berge rücken näher aneinander, es geht steiler aufwärts. Immer wieder ergeben sich attraktive Ausblicke, auch zurück zu den von Palmen umstandenen Häusern von Fataga. Inzwischen ist eine Höhenlage von fast 900 m erreicht, in der die Kanarische Kiefer gedeiht. Abschnittsweise bilden die majestätischen Bäume eine schattige Allee. Und dann ist auch schon San Bartolomé de Tirajana (S. 156) erreicht. Das Bergstädtchen lockt mit Straßencafés im gepflegten Zentrum.

E2 VON SAN BARTOLOMÉ DE TIRAJANA NACH TEJEDA (24 km/45 Min.)

Durch die bizarre Bergwelt des Inselinneren geht es auf einer schmalen, kurvenreichen Straße

Weiter auf der GC60 fahren wir, nun in vielen kleinen Kurven in sanftem Auf und Ab, durch Gran Canarias Berge. Hier oben ist es feuchter als an der Küste, was der Landwirtschaft zugutekommt. Nicht selten sind Bauern oder Bäuerinnen mit dem typischen topfförmigen Strohhut bei der Feldarbeit zu sehen. Im Spätwinter blühen die Mandelbäume. Schroffe Felszipfel und tiefe Schluchten begleiten die Route. Wenn Reisebusse entgegenkommen, sind Ausweichmanöver angesagt. Vorsicht ist auch wegen Schafherden geboten. Ayacata

Abstecher
Wer in die GC607 zum Roque Bentayga abbiegt, kann eine kurze Wanderung (45 Min.) zum Fuß des Felsmonolithen unternehmen.

Auf den gebirgigen Nebenstrecken rund um Tejeda kreuzt schon mal eine Schafherde den Weg

(S. 160) ist das Drehkreuz des Gebirges. Jetzt vielleicht ein erster Snack? Hier gibt es eine Radfahrerkneipe, bevor es auf der GC60 weitergeht. Der gewaltige Roque Bentayga kommt linker Hand in Sicht. Über die Abzweigung zu ihm hinaus umkurven wir den weiten Barranco de Tejeda, um bald darauf das Bergdorf Tejeda (S. 161) zu erreichen. Hier bietet sich eine Mittagspause mit Einkehr in einem der zahlreichen Aussichtsrestaurants an. Aus der Dulcería Nublo (S. 162) kann man sich Mandelgebäck als Proviant für die Weiterfahrt holen.

E3 VON TEJEDA NACH SANTA BRÍGIDA
(26 km/45 Min.)

Über den Aussichtspass Cruz de Tejeda geht es hinein in den grünen, oft wolkenverhangenen Norden

Benzin?
Tankmöglichkeiten sind im Inselinneren eher dünn gesät. Die Tankstelle von Tejeda befindet sich an der südlichen Ortseinfahrt (Calle Cruz Blanca).

Unweit nördlich von Tejeda wird an einer Gabelung die GC60 nach rechts verlassen. Auf der Bergstraße GC15 geht es weiter. Sie schraubt sich zur Passhöhe Cruz de Tejeda (S. 163) hinauf, dem mit 1520 m höchsten Punkt der Tour. Nach ausgiebigen Blicken zurück in den sonnigen Süden und voraus in den häufig bewölkten Norden fahren wir auf der GC15 weiter, nun in vielen Kurven abwärts. Unterwegs reicht der Blick links immer wieder in grüne Schluchten und rechts auf von Waldbränden gezeichnete Hänge. Auch diese Straße ist recht schmal und hat großenteils keinen Mittelstreifen. In Vega de San Mateo (S. 89) lohnt ein Stopp im alten Stadtzentrum. Eine nette Einkehrmöglichkeit ist die Dulcería San Mateo (S. 90), die allerdings über die Siesta hinweg schließt. Nächstes Ziel ist Santa Brígida (S. 91), ein weitläufiger Villenort, der ebenfalls ein attraktives kleines Zentrum mit kanarischen Häusern besitzt. Beifahrer können im Restaurant bei der Casa Museo del Vino die örtlichen Weine probieren.

E4 VON SANTA BRÍGIDA NACH TELDE
(20 km/30 Min.)

Eine wenig befahrene Nebenstrecke führt durch Bauerndörfer zur zweitgrößten Inselstadt

Unterhalb von Santa Brígida verlassen wir die GC15. Rechts zweigt die GC80 ab und führt sogleich in das Keramikerdorf Atalaya (S. 92), wo vielerorts noch nach altkanarischem Vorbild getöpfert wird. Anschließend schlängelt sich das Sträßchen, von Eukalyptusbäumen gesäumt und jetzt immer öfter mit weitem Blick zum Atlantik, oberhalb des landwirtschaftlich genutzten Barranquillo de la Salud entlang. Schließlich wird das Tal gequert und gleich darauf Telde (S. 94) erreicht.

Wir umfahren die Stadt zunächst westlich auf der GC41 und schwenken dann an einem Kreisverkehr links in die GC10 Richtung »centro urbano« ein. Nach einem weiteren Kreisel wird diese zu einer breiten, zentralen Allee. Rechts erstreckt sich die umtriebige Neustadt, links der sehenswerte historische Kern.

Abstecher
Von Atalaya gelangt man auf der sehr schmalen GC802 hinauf zum spektakulären, 200 m tiefen Vulkankrater Caldera de Bandama (S. 92).

E5 VON TELDE NACH INGENIO (16 km/30 Min.)

Die alte Landstraße führt durch die östlichen Gebirgsausläufer zu historischen Stätten

Am Ostrand von Telde stößt die GC10 an einem großen Kreisverkehr auf die GC100, auf der wir unsere Fahrt Richtung Süden fortsetzen. Sie umfährt die Neustadt und setzt sich als gemütliche Landstraße fort. Die Umgebung ist zunächst flach und karg, doch bald wird es wieder bergiger, und der trockene Barranco de Cazorla

Auf zahlreichen Serpentinen windet sich die Straße zum Bergdorf Fataga hinauf

Abstecher
Ein kurzer Umweg führt von der GC100 links nach Marfú zur Finca Canarias Aloe Vera mit Plantagen-besuch und Shop (www.fincacana rias.es, Mo–Sa 9–18 Uhr).

wird umfahren. Kurz darauf bleibt man an einem Kreis-verkehr rechts auf der GC100. Etwa 500 m weiter weist ein Schild links auf die prähistorische Stätte Cuatro Puertas (S. 99) hin. Sie wird durch das gleichnamige kleine Straßendorf auf der Calle Guanche erreicht. Nach der Besichtigung geht es zurück zur GC100. Sie verläuft durch weitere Täler, in denen terrassierte Hänge vom früheren Getreideanbau zeugen. Mit dem Museo de Piedra y Artesanía Canaria kündigt sich die ehrwürdige Stadt Ingenio (S. 104) an, durch die ein entspannter Bummel lohnt. Zur Einkehr bietet sich das Terrassen-café auf dem weitläufigen Kirchplatz an.

E6 VON INGENIO NACH MASPALOMAS
(38 km/45 Min.)

Bei einem ursprünglichen Fischerdorf fernab der Ferienorte erreichen wir die Südostküste

Südlich von Telde wurde die altkana-rische Kultstätte Cuatro Puertas in den Fels getrieben

Da der Tag schon recht weit fortgeschritten ist, geht es nun zügig Richtung Autobahn, zunächst östlich aus In-genio heraus und dann ab einem Kreisverkehr auf einer Umgehungsstraße nördlich um die moderne Wohnstadt Carrizal herum, der Ausschilderung Las Palmas GC1

folgend. Achtung: Auf die Autobahn nicht Richtung Las Palmas, sondern in Gegenrichtung nach Maspalomas einbiegen! In flotter Fahrt erreichen wir die Abfahrt El Doctoral/Juan Grande. Dort verlassen wir die GC1 und nehmen die GC500 nach Südwesten.

Der beschauliche Hafen des kleinen Fischerorts Castillo del Romeral

Nach Passieren der Siedlung Juan Grande geht es links auf die GC501, die – von windgepeitschten Palmen gesäumt – geradewegs auf das Fischerdorf Castillo del Romeral (S. 111) zuhält. Zum Feierabend finden sich hier Einheimische zum Baden und Angeln ein. Wer will, flaniert ein wenig am Strand und kehrt zum Abschluss der Tour im Restaurant der Fischereigenossenschaft ein.

Zurück zum Ausgangspunkt: Auf der Küstenstraße GC500, die in ihrem weiteren Verlauf über Bahía Feliz und San Agustín führt, erreicht man Maspalomas.

Hotelempfehlungen:

Wenn Sie die Tour in Tagesetappen fahren, empfehlen wir folgende Hotels:

€ | **La Fonda** Die künstlerisch gestaltete Hotelpension mitten im Ort verfügt über recht ordentliche Zimmer.
›› *Calle Antonio Benítez Galindo 6, 35250 Ingenio, Tel. 928 66 31 18, über www.booking.com*

€€ | **Parador de Cruz de Tejeda** Hotel der renommierten spanischen Kette, am großartigen Aussichtspunkt gelegen.
›› *Cruz de Tejeda, 35328 Tejeda, Tel. 928 01 25 00, www.parador.es*

Unterwegs

*In vielen Inselstädtchen blieb die traditionelle Architektur bewahrt,
wie hier in Teror. Gedrungene barocke Kirchen stehen neben bunten
Häusern mit den typischen Holzbalkonen*

Das will ich erleben

Helle Playas laden zum Baden und Surfen ein, Oasen lassen an Nordafrika denken. Steilküsten und Gebirgspässe bieten unvergessliche Ausblicke, Felsmonolithe überragen das Inselgebirge. Höhlendörfer existieren seit prähistorischen Zeiten, andernorts erinnern Ruinenfelder an die Ureinwohner. Die spanischen Eroberer errichteten Kirchen mit prächtigem Schnitzwerk, Städte und Dörfer erhielten elegante Plätze, subtropische Gärten entstanden. Bauern bieten ihre Produkte auf üppigen Märkten feil, und das Meeresgetier kommt in urigen Fischrestaurants auf den Tisch.

Die attraktivsten Strände

Oft mit dem Strand von Copacabana verglichen wird die Playa de Las Canteras. An der urwüchsigen Playa de Pozo Izquierdo tummeln sich Wind- und Wellensurfer. Hellen Sand und großartige Dünen bietet die Playa del Inglés. Einsam liegt die Playa de Tasarte an der Steilküste.

Markante Felsformationen

Vielfarbig erstrahlen Los Azulejos de Veneguera, ein spektakulärer Vulkanascheverbund. An der Felskuppe La Fortaleza verschanzten sich die letzten Ureinwohner. Der Monolith Roque Nublo ist Gran Canarias auffälligster Gipfel, kaum weniger prominent ist der Roque Bentayga.

Die buntesten Märkte

Eine Riesenauswahl auf engem Raum bietet der Mercado de Vegueta in Las Palmas. Am Wochenende fahren alle nach Vega de San Mateo zum Bauernmarkt. Nicht nur Lebensmittel, sondern auch Kleidung, Hausrat und manches mehr gibt es auf dem Wochenmarkt von Arguineguín.

Geheimnisvolle Höhlendörfer

Im Barranco de Guayadeque siedelten schon die Altkanarier. Zwei ihrer Höhlendörfer sind bis heute bewohnt. Der Bergort Artenara besitzt eine mystische Höhlenkapelle. Beinahe museal wirkt das Höhlendorf Acusa Seca, nur wenige Häuser werden dort noch genutzt.

Wunderbare Ausblicke

Tief schaut man in den Krater der Caldera de Bandama, herrlich der Meerblick vom Mirador del Balcón. Die beste Übersicht über den Barranco de Fataga verschafft man sich von der Degollada de las Yeguas. Der Dichter Miguel de Unamuno rühmte den Ausblick vom Cruz de Tejeda.

Spuren der Ureinwohner

Die Altkanarier höhlten einen Hügel für ihren Kultplatz Cuatro Puertas aus. Das Museumsdorf Mundo Aborigen zeigt, wie die vorspanischen Bewohner lebten. In Puerto de Mogán bietet die Ausgrabungsstätte Cañada de Los Gatos einen Einblick in die Prähistorie. Als spektakulärster archäologischer Fund auf Gran Canaria gelten jedoch die Felsmalereien der Cueva Pintada.

Holzschnitzwerk vom Feinsten

Prunkbauten erhielten kunstvoll verzierte Holzdecken im Artesonado-Stil, der auf die Mauren zurückgeht. Besonders schöne Beispiele sind im Kolumbushaus Casa de Colón und in den Kirchen von Teror und Artenara zu finden.

Plazas als Treffpunkt

Auf den Kirchplätzen ist immer etwas los. Häufig sind sie autofrei und liebevoll gestaltet, so die Plaza de Santa Ana in der Altstadt von Las Palmas oder die zentralen Plätze der historischen Städte Telde und Gáldar.

Vielerlei Gartenkunst

Sehr unterschiedliche Gärten sind auf Gran Canaria zu besichtigen. Während der Parque Doramas eine subtropische Flora und mittendrin ein Traditionshotel beherbergt, sind im Jardín Botánico Canario fast nur einheimische Pflanzen versammelt. Ein uralter Drachenbaum steht im Mittelpunkt des gräflichen Jardín de la Marquesa bei Arucas. Klein, aber fein ist der schattige Huerto de Las Flores in Agaete.

Oasen wie in der Sahara

In den Dattelpalmen der Oasis de Maspalomas kreischen Papageien, beim Bauerndorf Arteara gedeihen tropische Obstkulturen, und oben in den Bergen verlieren sich die weißen Häuser von Santa Lucía zwischen Palmen.

Am schönsten Fisch essen

Eine urige Adresse in Las Palmas ist das Amigo Camilo. In Arguineguín genießt man fangfrischen Fisch bei der Cofradía de Pescadores. Das Dedo de Dios logiert in einer alten Lagerhalle am Hafen von Agaete.

Las Palmas und der Nordosten

Die lebendige Hauptstadt von Gran Canaria und die umliegenden Orte halten viel Sehens- und Erlebenswertes bereit

Mit seinen beiden Altstädten Vegueta und Triana, dem lebendigen Hafenviertel Santa Catalina und dem beliebten Badestrand Playa de Las Canteras erweist sich Las Palmas als abwechslungsreiche Metropole. Ruhiger geht es in den ehrwürdigen Städten Arucas und Teror mit ihren bedeutenden Kirchen zu. Nach Vega de San Mateo lockt der Wochenendmarkt, der Villenort Santa Brígida liegt inmitten von Weinbergen. Telde, die zweitgrößte Stadt der Insel, hat einen sehenswerten Kern.

In diesem Kapitel:

ADAC Top Tipps:

 Mercado de Vegueta, Las Palmas
| Markthalle |
Die interessanteste Markthalle von Las Palmas liegt in der Altstadt. Sie besitzt viel Flair und hat ein buntes Angebot von allem, was die Insel bietet. Dazu gesellen sich kleine Thekenlokale. 70

 Jardín Botánico Canario, Las Palmas
| Botanischer Garten |
Hier gedeiht die Pflanzenwelt der Kanarischen Inseln. Biotope wie der Lorbeerwald oder die trockene Küstenregion wurden auf dem weitläufigen Gelände nachempfunden. 84

 Basílica de Nuestra Señora del Pino, Teror
| Wallfahrtskirche |
In der barocken Basilika verehren die Grancanarier ihre Schutzheilige, die Virgen del Pino. Der Legende nach erschien die Madonna einst in den Zweigen einer Kiefer. 88

 Caldera de Bandama
| Vulkankrater |
Der Bilderbuchkrater verweist auf den vulkanischen Ursprung der Insel. Aussichtsplätze ermöglichen Blicke in den fruchtbaren Kratergrund, in den ein steiler Weg hinabführt. 92

ADAC Empfehlungen:

 Casa de Colón, Las Palmas
| Museum |
Der Gouverneurspalast steht in Verbindung mit dem Aufenthalt von Kolumbus in Las Palmas. 70

 Catedral de Santa Ana, Las Palmas
| Kathedrale |
Von den Türmen der vornehmen Bischofskirche schaut man über die Dächer von Las Palmas. 71

 Playa de Las Canteras, Las Palmas
| Strand |
Ein Felsriff schützt diesen Vorzeigestrand, an dem sich die Bewohner von Las Palmas tummeln. 80

 Rastro de Santa Catalina, Las Palmas
| Trödelmarkt |
Der Schauplatz für den sonntäglichen Kleider- und Kunsthandwerksmarkt, dann wird der Rastro zur beliebten Flanierzone von Las Palmas. 82

 Arehucas, Arucas
| Rumfabrik |
In Arucas existiert noch eine historische Rumdestille, die zu Probe und Kauf einlädt. 87

 Bodegón Vandama, Santa Brígida
| Restaurant |
Der alte Gutshof beherbergt ein exquisites Esslokal und eine Bodega, die eigenen Rotwein keltert. 92

 Cuatro Puertas
| Archäologische Stätte |
Vier Türen führen in die altkanarische Kulthöhle. Über ihr liegt ein prähistorischer Opferplatz. 99

 Santa Catalina, Las Palmas
| Hotel |
Das älteste Hotel der Insel von 1890 besticht durch nostalgisches Ambiente und bietet jeden Komfort. 101

1 Las Palmas

Lebendige Inselhauptstadt mit Flair und Badestränden

Fischerboote an der Playa de las Canteras, dem Hausstrand von Las Palmas

i Information

■ Patronato de Turismo, Calle Triana 93, 35003 Las Palmas, Tel. 928 21 96 00, www.grancanaria.com

■ Casa de Turismo, Parque de Santa Catalina, 35007 Las Palmas, Tel. 928 44 68 39, www.lpavisit.com

■ Weitere städtische Informationsstellen: Plaza de Santa Ana (Casas Consistoriales), Parque de San Telmo, Paseo de Las Canteras (nahe Calle Gomera).

■ Parken: S. 73, 77, 81

Die meisten Urlauber lernen Las Palmas (379 000 Einw.) auf einem Tagesausflug kennen. Manche planen aber auch einen mehrtägigen Aufenthalt oder gar einen ganzen Urlaub in der lebendigen Inselhauptstadt ein. Mit der Landung spanischer Truppen unter Juan Rejón hatte hier 1478 die Eroberung Gran Canarias begonnen. Aus einem Militärlager entwickelte sich die noble Altstadt Vegueta. Im angrenzenden Geschäftsviertel Triana wurden ab dem 18. Jh. herrschaftliche Bürgerhäuser gebaut. Ein weiterer Siedlungskern bildete sich im Norden am Rand der bergigen Halbinsel Isleta, die den Hafen Puerto de la Luz schützt. Dort ließen sich Fischer und Hafenarbeiter nieder. Erst Ende des 19. Jh. schloss sich die Lücke dazwischen mit den elegan-

Plan
S. 68/69

Noch einmal 100 Jahre später wurde die Playa de Las Canteras bebaut, eine Legende unter den Stränden dieser Welt. Hier stehen die meisten Hotels der Stadt. Dahinter leitet das moderne Viertel Santa Catalina mit Geschäften, Kneipen und Restaurants zum Hafen über. Heute ist Las Palmas die größte Stadt des Archipels und eine seiner beiden Hauptstädte. Alle vier Jahre wechselt die Regionalregierung zwischen Gran Canaria und Teneriffa hin und her. Außerdem spielt der Hafen, der größte Spaniens, eine Rolle. Im 19. Jh. versorgten sich hier Dampfschiffe auf dem Weg über den Atlantik mit Kohle. In neuerer Zeit entwickelte er sich zu einem bedeutenden Containerumschlagplatz und zur Station vieler Kreuzfahrtschiffe.

Vegueta

Vornehmes Altstadtviertel mit Kathedrale und Palästen

ten Villen der Briten, die damals das wirtschaftliche Leben auf Gran Canaria entscheidend prägten. Sie errichteten die Ciudad Jardín (Gartenstadt).

In der Calle Mendizábal und der Calle Pelota, die sich beim Mercado de Vegueta kreuzen, reihen sich Tapas-

ADAC *Mobil*

Fähre: Im Hafen von Las Palmas legen Fährschiffe zu den Nachbarinseln und zum spanischen Festland ab (S. 171, 183).
Stadtbus: In Las Palmas verkehren gelbe Stadtbusse (www.guaguas.com). Linie 1 durchfährt im 15- bis 30-Min.-Takt alle Stadtviertel von Triana (Teatro Pérez Galdós) bis Isleta (Calle Juan Rejón nahe Puerto de la Luz) und berührt auch die Playa de Las Canteras. Das Einheitsticket zu 1,40 € gibt's beim Fahrer.
Überlandbus: Die Inselbusgesellschaft GLOBAL (www.guaguasglobal.com) betreibt einen zentralen unterirdischen Busbahnhof, die Estación San Telmo (Avda. de Rafael Cabrera, beim Parque de San Telmo). Einige Linien fahren weiter bis zur Estación Santa Catalina beim Einkaufszentrum El Muelle.

Las Palmas

a   b   c

1

0   500 m

Playa de Las Canteras

Hondelshafen

Santa Catalina

Plaza de España

Calle Fernando Guanarteme

2

Calle Apolinario

Av. José Mesa Y López

20 Auditorio Alfredo Kraus

Parque Juan de Río Ayala

Guanarteme

C. Castillejos

Paseo de las Canteras

Paseo Chil

21 Monumento El Atalante

GC2

Plaza América

Parqu Esta Insu A

Aguas Minerales de Firgas SA

C. Guerela

Golfclub

GC23

Friedhof

Avda. Ansite

3

Ctra. de Chile

La Minella

C. C. García Feo

C. Matagalpa

El Cardón

Universitäts-klinikum

Calle Managua

Carr. del Cardón

Juan Carlos I

Av. Escaleritas

Escaleritas

GC340

Calle a las Torres

Av. Escaleritas

Calle Henry Can

4

Las Torres

C. Mimosa

Av.

C. de Sor

La Feria del Atlántico

Felo Monzón

C. Diego Betancor Suárez

Calle de Fu

Calle Don Par

Carr. a Tamaraceite

Calle Jaienila

Arenara

Calle

C. Azuaje

Av. Intor

C. Hoya del Enamorado

C. Alférez Provisional

Cinco Continentes

C. G

Via Matías Vega Guerra

Gran Canaria Arena

5

Friedhof

C. Fondos de Segura

Av. Escaleritas

C. Diego Vega Sarmiento

Siete Palmas

2 Jardín Botánico ario

a   b   c

lokale mit Tischen vor der Tür aneinander. Sie sind natürlich von den regelmäßig hier vorbeischlendernden Touristen nicht unentdeckt geblieben. Dennoch bietet sich die Einkehr an, bevor man gestärkt zur Plaza de Santa Ana mit der Kathedrale und durch die Gassen der Altstadt bummelt.

● Sehenswert

1 Mercado de Vegueta
| Markthalle |

 Nicht der größte, aber der schönste Markt von Las Palmas

Unglaublich vielfältig ist die Auswahl in der Altstadtmarkthalle. Beim Obst fallen die farbenfrohen, exotischen Sorten aus dem Inselanbau ins Auge: je nach Jahreszeit Mango, Papaya, Granatäpfel, Loquats, Guaven. Ein Stand stellt frisch gepresste Säfte aus diesen Köstlichkeiten her. Außerdem sind Gemüse, Gewürze und Fisch zahlreich vertreten. Eine Abteilung ist kleinen Thekenlokalen vorbehalten, die lecke-

re Tapas servieren. Fleischerläden an den Außenseiten der Halle und Lotterielosverkäufer an den Türen runden das vielfältige Angebot ab.
■ Calle Mendizábal 1, www.facebook.com/mercadovegueta, Mo–Do 6.30–14, Fr, Sa 6.30–15 Uhr

2 Ermita de San Antonio Abad
| Kapelle |

An dieser Stelle soll Juan Rejón anlässlich der Eroberung Gran Canarias 1478 eine erste Kirche erbaut haben. Die Legende will wissen, dass Christoph Kolumbus während seines Aufenthalts 1492 hier betete. Der heutige Bau stammt allerdings von 1757. Er birgt ein schönes, vergoldetes Barockretabel. Die Ermita ist in Verbindung mit der benachbarten Sala San Antonio Abad, einem Ableger des Centro Atlántico de Arte Moderno (S. 73), zugänglich.
■ Plaza San Antonio Abad, Di–Sa 10–21, So 10–14 Uhr

3 Casa de Colón
| Museum |

① *Der imposante Bau steht ganz im Zeichen von Christoph Kolumbus*

In dem Altstadtpalast residierte in früherer Zeit der Inselgouverneur, bei dem Kolumbus sicherlich während seines Aufenthalts 1492 auf Gran Canaria vorsprach. Gewohnt haben, wie oft behauptet, dürfte er hier wohl nicht. Zwar entstand der heutige Bau vorwiegend in den 1950er-Jahren, doch der Kolonialstil mit den kanarischen Holzbalkonen wurde bewahrt. Das reich verzierte, über zwei Stockwerke reichende Hauptportal gehörte schon zum ursprünglichen Gebäude. Der größere der beiden Innenhöfe ist mit einem gotischen Brunnen ausgestattet und umgeben von Renaissancear-

---

ADAC *Mobil*

Die roten Doppeldeckerbusse von **City Sightseeing** verkehren ab Parque Santa Catalina alle 35 Min. auf einem Rundkurs durch die Stadt. Erläuterungen gibt es u. a. auf Deutsch über Kopfhörer. Das Ticket gilt 24 Std. Unterwegs kann an elf Haltestellen aus- und wieder zugestiegen werden, was v. a. an den Stopps Nr. 1, 2, 4, 5 (von dort evtl. zu Fuß bis 7) und 10 lohnt. Führungen durch die Altstadt und das Auditorio Alfredo Kraus sowie mehrere Museumseintritte sind inbegriffen. www.city-sightseeing, tgl. 9.35–18 Uhr, ab 20 €, erm. 10 €

Der Bauch von Las Palmas: Ein Besuch des Mercado de Vegueta ist ein Erlebnis

kaden und einer Holzgalerie aus dem 16. Jh., die aus einem nicht mehr bestehenden Dominikanerkloster stammt. Der gotische Brunnen ist wohl noch älter und wird auf das 15. Jh. datiert.

In den 15 Ausstellungssälen des Museums werden Christoph Kolumbus und seine Entdeckungsfahrten, die Geschichte Gran Canarias sowie die präkolumbische Kunst und Kultur Lateinamerikas thematisiert. Im Salón de Actos ist die Artesonado-Holzdecke besonders bemerkenswert.

■ Calle Colón 1, www.casadecolon.com, Mo–Sa 10–18, So 10–15 Uhr, 4 €, erm. 2 €

4 Catedral de Santa Ana
| Kathedrale |

Die noble Kathedrale ist zugleich ein Museum der Baustile

Vom Baubeginn 1497 dauerte es rund 400 Jahre, bis die Bischofskirche in ih-

rer heutigen Schönheit erstrahlte. Sie gilt als bedeutendstes historisches Bauwerk der Kanarischen Inseln, nicht zuletzt wegen der vielen Stilrichtungen, die hier harmonisch kombiniert sind. Das dreischiffige Innere mit Netzgewölben und Spitzbögen an den Seitenkapellen ist spätgotisch. Die elegante Fassade entwarf der große Bildhauer aus Guía, José Luján Pérez (1756–1815), im Stil des Klassizismus. Von ihm stammen auch verschiedene Heiligenskulpturen, etwa die zwölf Apostel unter der Vierungskuppel. Von den Türmen bietet sich ein schöner Blick über die Stadt (Zugang neben dem Hauptportal). Die touristische Besichtigung der Kathedrale selbst erfolgt außerhalb der Messezeiten durch das Museu Diocesano de Arte Sacro (Kirchenkunstmuseum, Calle Espiritu Santo 20) und den sich an-

Im Blickpunkt

Kolumbus auf den Kanaren

Auf seiner ersten Atlantiküberquerung lief Christoph Kolumbus wohl am 12. August 1492 die kleine Kanareninsel La Gomera an, um noch einmal Wasser und Proviant an Bord zu nehmen. Eines seiner Schiffe, die »Pinta«, war leck und ihr Steuerruder defekt. Kolumbus vermutete Sabotage. Nur in Las Palmas gab es eine geeignete Werft, also begab sich der Entdecker mit der notdürftig reparierten Karavelle dorthin. Erst nach drei Wochen kehrte er zurück nach La Gomera und konnte schließlich am 6. September Richtung Westen in See stechen. Manchmal sind Zweifel zu hören, ob er Gran Canaria damals betreten hat. Doch aus seinem Bordbuch geht dies recht eindeutig hervor. Bei späteren Reisen machte Kolumbus wohl erneut auf Gran Canaria und auch zweimal auf La Gomera Station, wo ihm eine Liebesaffäre mit der bezaubernden Inselherrin Beatriz de Bobadilla angedichtet wurde.

schließenden lauschigen Patio de los Naranjos (Orangenhof).

■ Plaza de Santa Ana 13, www.diocesisde canarias.es, Türme und Kirchenkunstmuseum Mo–Fr 10–16.30, Sa 10–13.30 Uhr, Türme 1,50 €, Museum/Kathedrale 3 €

5 Plaza de Santa Ana
| Platz |

Acht gusseiserne Hundestatuen (S. 79) bewachen den Treppenaufgang von der Kathedrale zu dem promenadenartigen Platz. Vermutlich wurden sie im 19. Jh. von der britischen Händlerfamilie Miller gestiftet, die sich in Las Palmas

Gefällt Ihnen das?

Nicht nur die Kathedrale von Las Palmas besitzt Statuen von Luján Pérez. Der äußerst produktive grancanarische Barockbildhauer schuf auch Heiligenfiguren für zahlreiche andere Kirchen, etwa für die **Basilika von Teror** (S. 88) oder die **Iglesia San Sebastián** in Agüimes (S. 106).

niedergelassen hatte. Die Plaza de Santa Ana ist ein wunderbarer Ort zum Verweilen. Je nach Jahreszeit erfreuen sich entweder die schattigen Bänke an der Südseite oder diejenigen an der Nordseite, auf die um die Mittagszeit die Sonne scheint, größerer Beliebtheit. Touristen und Einheimische sitzen dann einträchtig beieinander und beobachten, wie die Tauben herumstolzieren und Krümel aufpicken.

Am Kopfende der rechteckigen, von Palmen gesäumten Plaza erhebt sich vis-à-vis der Kathedrale das alte Rathaus (Casas Consistoriales). Es wurde in der zweiten Hälfte des 19. Jh. errichtet, nachdem der Vorgängerbau ausgebrannt war. Einiges älter sind die vornehmen Paläste an den Flanken des Platzes, etwa rechts neben dem Rathaus die Casa Regental aus dem Jahr 1640, die in früherer Zeit Sitz des spanischen Statthalters auf den Kanaren war. Ihr Renaissanceportal ist mit Löwen und Burgen verziert, den Symbolen der vereinigten Königreiche León und Kastilien. Der breite Palacio Episcopal (Bischofspalast) von 1630 an der Nordostseite der Plaza bewahrte ein zweistöckiges Portal aus dem 16. Jh.

6 Museo Canario
| Museum |

Hier wird bereits seit dem Jahr 1879 die immer wieder erweiterte und heute umfangreichste Sammlung altkanarischer Funde gezeigt. Zugleich fungiert das seinerzeit von einem Intellektuellenzirkel gegründete Museum auch als ein Zentrum der prähistorischen Forschung. In der permanenten Ausstellung werden die Siedlungsformen, wirtschaftlichen Aktivitäten und Bestattungspraktiken der Ureinwohner thematisiert. Zu den interessantesten Exponaten zählen zahlreiche Mumien mit Grabbeigaben, Fruchtbarkeitsstatuetten (Idole) und »pintaderas«, Tonstempel, die vielleicht zur Verzierung des Körpers dienten. Außerdem ist eine Nachbildung der Cueva Pintada in Gáldar (S. 144) zu sehen.

■ Calle Doctor Verneau 2, www.elmuseo canario.com, Mo–Fr 10–20, Sa, So 10–14 Uhr, 5 €, erm. 3 €

7 Centro Atlántico de Arte Moderno (CAAM)
| Kunstzentrum |

Bewusst wird in dem Ausstellungshaus kein Eintrittsgeld erhoben, um den Zugang zur modernen Kunst zu erleichtern. Hinter der Fassade des klassizistischen Palastes verbergen sich lichtdurchflutete Säle, in denen vorwiegend Werke kanarischer Künstler des 20. Jh. zu sehen sind, etwa von César Manrique aus Lanzarote. In den 1990er-Jahren öffnete sich das Museum für Arbeiten aus Afrika und Lateinamerika, im 21. Jh. kamen Künstler vom spanischen Festland und aus Deutsch-

Palmen beschatten die Bänke auf dem Vorplatz der Kathedrale Santa Ana

land hinzu. Derzeit fördert das CAAM Projekte, die über das Kunstschaffen hinaus eine interkulturelle Dimension haben. Wechselausstellungen und ein Museumsshop ergänzen das Angebot.

■ Calle Los Balcones 11, www.caam.net, Di–Sa 10–21, So 10–14 Uhr, Eintritt frei

Parken

Gut parken kann man am Westrand der Playa de Las Canteras auf dem geräumigen Parkplatz Intermodal El Rincón (0,50 €/Std.; 300 m Fußweg zum Strand), der bequem über die GC-23/GC-2 zu erreichen ist. Dort halten vor dem Centro Comercial Las Arenas die Stadtbusse und der Touristenbus von City Sightseeing (S. 70). In der Stadt selbst ist in den allgegenwärtigen blauen und grünen Zonen (S. 172) die Parkdauer an Werktagen eingeschränkt. Wenn man ins Zentrum fahren möchte, steuert man also besser einen der gebührenpflichtigen Parkplätze oder ein Parkhaus an. Eine Liste und Preise findet man unter www.sagulpa.com (Stichwort: Aparcamientos).

Zum Besuch der Vegueta eignet sich auch der Parkplatz Mercado de Vegueta (Avda. Alcalde Díaz Saavedra Navarro 1; 2,05 €/Std.).

Restaurants

€€ | El Monje In dem Kneipenrestaurant hinter der Kathedrale und an seinen lauschigen Außentischen ist von morgens bis in die Abendstunden et-

was los. Der ideale Ort für ein kleines Mittagessen oder ein Stück frisch zubereiteter Torte. ■ Calle Espíritú Santo 27, Tel. 928 31 01 85, Mo–Mi 9–23, Do–Sa 9–1, So 10–16 Uhr, Plan S. 68/69 e5

€€€ | Casa Montesdeoca Romantisch speisen unter Palmen im Innenhof eines Stadthauses (16. Jh.). Bewährt gute, mediterrane Küche. ■ Calle Montesdeoca 10, Tel. 928 33 34 66, www.casamontesdeoca.com, Mo–Sa 13–17, 19–24, So 13–17 Uhr, Plan S. 68/69 e5

Einkaufen

Mercadillo de Artesanía y Cultura de Vegueta Jeden Sonntag findet der Erzeugermarkt für inseltypisches Kunsthandwerk nahe der Kathedrale statt. Im Angebot sind handbemalte Blusen,

Sehen und gesehen werden auf der geschäftigen Flaniermeile Calle Triana

ADAC *Wussten Sie schon?*

Die **Königs-Strelitzie**, wegen ihrer blau-orangefarbenen, wie ein Vogelkopf geformten Blüten auch Paradiesvogelblume genannt, ist auf den Märkten der Insel allgegenwärtig. Dabei stammt die exotische Schnittblume ursprünglich aus Südafrika. 1773 wurde sie zunächst nach England importiert und dort nach der damaligen Königin, einer geborenen Prinzessin von Mecklenburg-Strelitz, getauft. Später gelangte sie dann auf die Kanarischen Inseln.

Holzschnitzwerk, selbst gezogene Kerzen und vieles mehr. ■ Plaza del Pilar Nuevo, So 10–14 Uhr, Plan S. 68/69 e5

Triana

Das traditionelle Einkaufsviertel von Las Palmas

Auch die Triana zählt zur Altstadt, obwohl die Bausubstanz hier vorwiegend aus dem 19. Jh. stammt. Als der Hafen von Las Palmas immer mehr Bedeutung gewann und die Inselwirtschaft florierte, ließen sich in diesem Viertel Handelshäuser nieder. Bis heute geht es geschäftiger zu als in der musealen Vegueta, insbesondere in der Fußgängerzone Calle Triana. Einen weiteren Mittelpunkt bildet die gefällige Plaza Cairasco mit ihrem Springbrunnen, um die sich repräsentative Bauten und drei Terrassenlokale scharen. Der unmittelbar angrenzenden Alameda de Colón mit Café-Kiosk und Kinderspielplatz spenden Indische Lorbeerbäume Schatten. Beide Plätze beleben sich in den frühen Abendstunden. Dann flanieren hier Familien und Liebespaare.

Sehenswert

Teatro Pérez Galdós
| Theater |

Das führende Theater von Las Palmas entstand 1921–1928. Damals schmückte der Jugendstilkünstler Néstor de la Torre (S. 78) das Innere mit opulenten Wandmalereien. Das Programm ist bunt gemischt: Opern, Operetten, Schauspiel, Konzerte. Zwei bis drei Veranstaltungen finden pro Woche statt, im August ist Sommerpause. Man kann das Teatro Pérez Galdós im Rahmen von Führungen (40 Min.) besichtigen und dabei auch den Panoramablick von der Dachterrasse genießen. ■ Plaza Stagno 1, www.auditorioteatro laspalmasgc.es, Mo–Fr Führungen 10.15, 11.15, 12.15 Uhr, 5 €, erm. 1,80 €

9 Plaza Cairasco
| Platz |

Auf der charmanten, von Palmen gesäumten Plaza fühlt man sich ins 19. Jh. zurückversetzt. Ihre Kopfseite im Norden beherrscht die reich verzierte Jugendstilfassade des Gabinete Literario. Man kann einen Blick in den eleganten Innenhof werfen. In dem Gebäude ist seit dem Jahr 1884 ein illustrer Literatenklub ansässig, der sich seither um die Bewahrung des Kulturerbes der Insel bemüht. Im Osten grenzt eine Zeile schöner Kolonial- und Jugendstilgebäude an den Platz, darunter befindet sich auch das Hotel Madrid (S. 100). Dort verbrachte General Franco die Nacht, bevor er am 18. Juli 1936 nach Marokko flog, um den Spanischen Bürgerkrieg zu entflammen. Heute lädt das Café im Erdgeschoss zu einer erholsamen Pause ein.

10 Calle Triana
| Straße |

An der Hauptstraße der Triana reiht sich eine bunte Mischung aus ehrwürdigen Palästen und modernen Bauten. Einst die Einkaufsmeile schlechthin in Las Palmas, muss sie heute gegen die

ADAC *Spartipp*

In Las Palmas ist es möglich, **Kunst** und **Kultur** gratis zu erleben, etwa im Centro Atlántico de Arte Moderno (S. 73). Im Castillo de la Luz (S. 80) ist der Eintritt mittwochs 16–19 Uhr frei, eine Gratis-Führung findet um 17 Uhr statt. Auch die Folklorevorführung im Pueblo Canario am Sonntagvormittag (S. 79) wird man nach dem Umbau sicher wieder kostenlos genießen können.

ADAC *Mittendrin*

Wenn Sie in der Calle Mayor de Triana nette Einkehrmöglichkeiten vermissen, schauen Sie doch einmal in die benachbarte **Calle La Peregrina.** Dort verbringen die Einheimischen ihre Mittagspause vorzugsweise in einem der kleinen Lokale der schmalen Fußgängerstraße. Diese stellen jeweils auch ein paar Tische vor die Tür und bieten leichte Mahlzeiten an.

fast übermächtige Konkurrenz der Avenida José Mesa y López (S. 79) und der großen Einkaufszentren El Muelle und Las Arenas kämpfen. Neben den Stores spanischer Modeketten wie Zara, Mango oder Cortefiel findet man alteingesessene, inhabergeführte Geschäfte und auch den einen oder anderen Souvenirladen.

Touristen fallen allerdings nicht weiter im Straßenbild auf, denn die jüngeren Spanier haben sich längst den europäischen Sitten angepasst. Hipster sausen per Fahrrad oder Skateboard durch die Gegend, Mädels in kurzen Hosen führen winzige Hunde aus. Kopfschüttelnd schauen ältere Damen von den Sitzbänken am Rand der Fußgängerzone dem Geschehen zu.

11 Parque de San Telmo
| Park |

Sicher einer der schönsten Orte in der Stadt ist der überreich mit bunten Fiesen verkleidete Jugendstilkiosk am Rand des Parque de San Telmo. Das in ihm untergebrachte Café hält Getränke und Eis bereit und stellt Tische nach draußen. An der Westecke des Parks versteckt sich unter hohen Bäumen die Ermita de San Telmo (17. Jh.), die

Die Ostseite der Plaza Cairasco säumt das Hotel Madrid mit seinem kolonialen Flair

dem Schutzpatron der Seeleute geweiht ist. Sie ist üppig mit goldenem Barockschnitzwerk ausgekleidet, und an der Decke hängen Bootsmodelle, die Votivgaben der Fischer darstellen.

Parken

Das mehrstöckige Parkhaus Parking Triana (Calle Rafael Cabrera 7; 2,40 €/Std.) ist relativ teuer, bietet sich aber bei einem gezielten Besuch des Triana-Viertels an (rund um die Uhr geöffnet).

Restaurants

€€ | **La Travesía de Triana** Angenehmes Tapas-Lokal, das vorwiegend Einheimische aufsuchen. Die klassische Auswahl umfasst etwa iberischen Schinken, Manchego-Käse, Herzmuscheln und geschmorten Tintenfisch. Calle Lagunetas 11, Tel. 928 36 01 93, www.latravesiadetriana.com, Mo–Sa 13–23 Uhr, Plan S. 68/69 e5

Einkaufen

Fedac Der Laden der Kunsthandwerkervereinigung Gran Canarias. Traditionelle Produkte, alle mit Garantiesiegel für echte Handarbeit versehen. Calle Domingo J. Navarro 7 www.fedac.org, Mo–Fr 8–15.30 Uhr, Plan S. 68/69 e5

Kneipen, Bars und Clubs

La Azotea de Benito Gepflegte Skybar mit herrlichem Blick zur Kathedrale. Die Dachterrasse ist im Lounge-Stil möbliert. Große Auswahl an Cocktails, sowohl klassisch als auch kreativ. Plaza Hurtado de Mendoza 1, Mo–Do 17–2, Fr–So 16–2 Uhr, Plan S. 68/69 e5

Ciudad Jardín

*Gartenstadt mit weitläufigem Park
und schicken Villen*

Britische Händler, die im ausgehenden 19. Jh. Bananen und andere Güter aus Gran Canaria exportierten, errichteten in der Ciudad Jardín ihre Villen. Prächtige Gärten gehörten selbstverständlich dazu. Heute sind zahlreiche Konsulate hier untergebracht. Eine öffentliche Gartenanlage ist der Parque Doramas, in dem sich das Traditionshotel Santa Catalina (S. 101) erhebt, das prominente Gäste wie Winston Churchill oder Agatha Christie beherbergte.

 Sehenswert

12 Parque Doramas
| Park |

Der gepflegte Parque Doramas gefällt durch seine üppige, subtropische Bepflanzung. Er ist mit Sitzgelegenheiten und einem Teich mit Springbrunnen bestückt. Am Eingang an der Calle León y Castillo stellt das Monumento Atis Tirma mit vier Bronzefiguren eine Szene aus der Zeit der Conquista dar. Damals sollen zwei Anführer der Ureinwohner von der Bergfestung Fortaleza Grande (S. 159) in den Tod gesprungen sein, um der Gefangennahme zu entgehen. Dabei hätten sie »atis tirma« (für mein Land) gerufen. Am Wochenende flanieren einheimische Familien durch die Anlage, ansonsten geht es ruhig zu. Jenseits der Calle Emilio Ley setzt sich der Park hangaufwärts fort. Hier ist er moderner gestaltet, mit einer breiten Kaskade – ein idyllischer Ort.

13 Museo Néstor
| Museum |

Der einheimische Künstler Néstor de la Torre (1887–1938) war die treibende Kraft bei der Errichtung des Pueblo Canario, eines idealisierten Nachbaus eines kanarischen Dorfs. Damit wollte er bereits in den 1930er-Jahren den Tourismus fördern. In der Anlage widmet sich heute ein Museum seinem Werk. Er begann als Porträtmaler, hielt später aber vorwiegend erotische Sze-

Grüne Oase in der Großstadt: Der Parque Doramas zieht vor allem Familien an

Im Blickpunkt

Die Hunde von Gran Canaria

Im Wappen von Las Palmas beschützen zwei schwarze Hunde eine Burg. Diese steht symbolisch für die Stadt, der im 16. Jh. wiederholt Angriffe französischer und englischer Korsaren drohten. Damals setzten die Verteidiger spanische Doggen als Kriegshunde ein, die von den Konquistadoren auch bei der Eroberung Südamerikas mitgeführt wurden. Später züchtete man die robusten Hunde auf den Kanaren zu einem eigenständigen Typ weiter, dem Dogo Canario, der sich als Familien- und Diensthund fest auf den Inseln etabliert hat.

nen fest. Seine Hauptschaffensphase fiel in die Zeit des Modernismo, des spanischen Jugendstils. Im Patio des Pueblo Canario werden nach dem derzeitigen Umbau sicher wieder am Sonntagvormittag Folkloregruppen tanzen. Ihre farbenfrohen Trachten entsprechen nicht mehr den einst auf Gran Canaria getragenen Originalen. Vielmehr entwarf sie Néstor de la Torre. ■ Calle Francisco González Díaz, Museum und Pueblo Canario derzeit wegen Umbauarbeiten geschl.

 Restaurants

€€ | **Segundo Muelle** Kreative Küche mit peruanischen und asiatischen Einflüssen, alles präsentiert in modernem Ambiente. Gutes Preis-Leistungs-Verhältnis. ■ Calle León y Castillo 227, Tel. 928 29 22 14, Mo–Sa 13.30–16.30, 20–24, So 13.30–17 Uhr, Plan S. 68/69 d3

Hafen- und Strandviertel

Lebendigster Stadtteil von Las Palmas mit zwei schönen Stränden

Eine breite Allee, die Avenida José Mesa y López, trennt die im 20. Jh. entstandenen Stadtviertel Alcaravaneras im Süden und Santa Catalina im Norden voneinander. Auf ihrer zentralen Flanierpromenade werden nicht selten Events, etwa kleine Buchmessen, abgehalten. Der Calle Triana hat sie als Einkaufsmeile längst den Rang abgelaufen, nicht zuletzt dank zweier gigantischer Filialen der Kaufhauskette El Corte Inglés. In den Straßenzügen von Santa Catalina, zwischen Puerto de la Luz und Playa de Las Canteras, bestimmen bizarre Gegensätze das Bild. Auf der Hafenseite tummeln sich unter modernen Bürogebäuden wie dem 2005 errichteten, 76 m hohen Torre Woermann feingemachte Geschäftsleute. In den Gassen findet man bunte Asia-Basare, mit Billigartikeln aus Fernost bestückt, neben schicken Stores. Zum Strand hin tragen junge, sportliche Menschen in Badekleidung das Surfbrett unter dem Arm.

 Sehenswert

14 **Playa de las Alcaravaneras** | Strand |

Am Strand zwischen den beiden Jachthäfen tummeln sich fast nur Einheimische, dabei ist er geschützt, kinderfreundlich und hellsandig. Auf Touristen übt er dennoch weniger Anziehungskraft aus, da man beim Sonnenbaden nicht aufs offene Meer schaut, sondern auf die Mole des Containerhafens. Zudem verläuft unmittelbar hinter der Playa die stark befahrene Avenida de Canarias (GC-1).

15 Parque de Santa Catalina

| Platz |

Der parkartig mit hohen Bäumen und Blumenbeeten gestaltete Platz ist lebendiger Mittelpunkt des Viertels Santa Catalina. V. a. sein Westteil wirkt einladend mit netten Terrassenlokalen und schattigen Promenaden. In zwei nostalgischen Kiosken sind ein Informationsbüro der Stadtbusgesellschaft und ein Zeitschriftenshop untergebracht.

16 Museo Elder

| Technikmuseum |

Die ehemalige Lagerhalle der britischen Reederei Elder von 1884 wurde zum Museum umgebaut. Auf vier Stockwerken präsentiert es eine vielseitige interaktive Ausstellung zu Wissenschaft und Technik. Besonders spannend ist der Bereich, der den Walen und Delfinen in den Gewässern der Kanarischen Inseln gewidmet ist.

■ Parque de Santa Catalina, Di–So 10–20 Uhr, www.museoelder.org, 6 €, erm. 3 €

17 Poema del Mar

| Aquarium |

Das funkelnagelneue Großaquarium am Hafenbecken präsentiert eine Vielzahl von Pflanzen und Tieren. Innen ist es wie ein Urwald gestaltet, der verschiedene Lebensräume in Meeren, Flüssen und Seen umschließt.

■ Muelle del Sanapú 22, www.poema-del-mar.com, tgl. 9–18 Uhr, 25 €, erm. 17,50 €

18 Castillo de la Luz

| Festung |

Zum Schutz von Stadt und Hafen vor den immer wieder drohenden Korsarenüberfällen wurde die Festung im 16. Jh. errichtet. Heute sind in dem alten Gemäuer abstrakte Eisenskulpturen des 1925 in Las Palmas geborenen Bildhauers Martín Chirino ausgestellt. An das Castillo de la Luz grenzt ein schöner Park mit der Cafeteria Piscolabis.

■ Calle Juan Rejón, Di–Sa 10–19, So 10–14 (Sommer ab 11) Uhr, 4 €, erm. 2 €

19 Playa de Las Canteras

| Strand |

3 Oft mit der Copacabana verglichen, ist der Strand eine Legende

An dem feinsandigen, goldgelben Strand begann in den 1950er-Jahren der grancanarische Tourismus. Auf 3 km Länge begleitet ihn eine autofreie, von Cafés und Bars, Hotels und Apartmenthäusern gesäumte Promenade. Das Felsriff La Barra hält die Brandung fern. V. a. bei Niedrigwasser gilt die Playa als ausgesprochen kinderfreundlich und wegen ihrer reichen Unterwasserwelt auch ideal für Schnorchler. Im nicht abgeschirmten Südteil kommen Wellenreiter voll auf ihre Kosten. An Wochentagen belebt sich der Strand erst am späteren Nachmittag so richtig. Dann gönnen sich die Einwohner nach Büroschluss ein entspanntes Bad im Meer.

20 Auditorio Alfredo Kraus

| Auditorium |

Der avantgardistische Kongress- und Konzertpalast ist ein Werk des katalanischen Architekten Óscar Tusquets aus den 1990er-Jahren. Das Gebäude erinnert an einen Leuchtturm, der die Playa de Las Canteras beschützt. Es wurde nach dem in Las Palmas geborenen Opernsänger Alfredo Kraus (1927–1999) benannt. Unter den 14 Sälen ragt der große Konzertsaal heraus, der hinter der Bühne den Blick auf den Atlantik freigibt. Etwa zwei- bis dreimal pro Woche sind hier hochkarätige Musiker zu erleben. Nebenan kann man auf einen Skywalk hinaustreten und hat von dort eine wunderbare Aussicht über den Strand.

■ Avda. Príncipe de Asturias, www.audi torioteatrolaspalmasgc.es, Führungen tgl. 10.15, 11.15, 12.15 Uhr, 5 €, erm. 1,80 €

21 Monumento El Atlante
| Skulptur |

An der nördlichen Einfahrt nach Las Palmas erhebt sich eine gewaltige, 9 m hohe Skulptur aus dunklem Vulkange- stein, geschaffen 1986 von Gran Cana- rias bekanntem Bildhauer Tony Gallar- do (1929–1996) unter Beteiligung von sieben Helfern und einem 10-Ton- nen-Kran. Sie stellt eine Frau dar, mit offenen Armen dem Meer zugewandt. Der Künstler ließ sich hierbei durch den Mythos vom versunkenen Konti- nent Atlantis inspirieren.

■ Ctra. del Rincón (GC-2), Km 2

Zentrum des kulturellen Lebens auf Gran Canaria: das Auditorio Alfredo Kraus

P Parken

In der Parkgarage des Einkaufszent- rums El Muelle (Kreuzfahrtmole nahe Parque de Santa Catalina; 500 m Fuß- weg zur Playa de Las Canteras) parkt man drei Stunden gratis, danach kos- tenpflichtig (1,80 €/Std.).

Restaurants

€€ | **Amigo Camilo** Einheimische Gäste wissen die exzellente Meeresfrüchte- küche zu schätzen. Plastikstühle und Papiertischdecken, den Fisch sucht man an der Theke aus. ■ Calle Caleta 1, Tel. 928 46 68 94, Di–Sa 12.30–16, 20–23, So 12.30–17 Uhr, Plan S. 68/69 d1

€€ | **Don Quixote** Eine rustikale Adres- se für den eher deftigeren Geschmack. Auf dem heißen Stein können die Gäste ihr Fleisch selbst braten. ■ Calle

Diderot 3, Tel. 828 01 73 90, www.restau rantedonquixote.com, tgl. 13–16, 20– 24 Uhr, Plan S. 68/69 c2

€€ | **La Lonja** Spezialisiert auf alles, was aus dem Meer kommt. Sehr empfeh- lenswert ist etwa der Meeresfrüchte- reis (mind. zwei Pers.). Hervorragende Weinauswahl. ■ Calle Galileo 8, Tel. 828 01 44 55, www.lalonjatasca.com, Di–Do 12–16, 20–24, Fr, Sa 12.30–16.30, 20–24, So 12.30–16.30 Uhr, Plan S. 68/69 c2

Cafés

D'Vainilla Die Theke der kleinen Kon- ditorei bordet über vor üppigen Tor- ten, Cupcakes mit Cremehaube, Kek- sen und Pralinen. Nur wenige Tische, wie ein Wohnzimmer dekoriert. ■ Calle

Juan Manuel Durán González 49, Tel. 928 05 80 33, www.dvainilla.es, Mo–Fr 8–21, Sa, So 9–21 Uhr, Plan S. 68/69 c2

La Alemana Beliebter Treff im Parque de Santa Catalina, mit bequemen Korbsesseln unter Sonnenschirmen. Guter Kaffee, Kuchen, Eis und Snacks. ■ Calle Ripoche 2, Tel. 928 49 20 59, tgl. 10–23.45 Uhr, Plan S. 68/69 d1

Einkaufen

Centro Comercial El Muelle Modernes, auch architektonisch interessantes Einkaufs- und Vergnügungszentrum an der Hafenmole. Rund 60 Modeläden konkurrieren um Kunden. Außerdem gibt es Restaurants, Kinosäle und auf der Dachterrasse eine Disco, wo in lauen Sommernächten die Post abgeht. ■ Muelle de Santa Catalina, http://ccelmuelle.es, tgl. 10–22, Gastronomie bis 2, Disco bis 5 Uhr, Parkgarage (S. 81), Plan S. 68/69 d1

Mercado Central Größte Markthalle von Las Palmas mit riesigem frischen Angebot und Ladengalerie. ■ Calle Galicia 24, Mo–Sa 7–14, Ladengalerie bis 19 Uhr, Plan S. 68/69 d2

ADAC *Mittendrin*

Wer sich in den Abendstunden unter die Bewohner von Las Palmas mischen möchte, wird auf der **Plazoleta de Farray** im Stadtviertel Santa Catalina fündig. In den dortigen Terrassencafés genehmigen sich die Canarios eine »copa«, ein Glas Wein, und dazu vielleicht eine kleine Mahlzeit. Am Freitag ab 21 Uhr verwandelt sich der Platz in eine Open-Air-Arena für Livemusik, gewöhnlich wird dann Jazz dargeboten.

 Rastro de Santa Catalina Gran Canarias traditioneller Sonntagsmarkt wird im Parque Blanco abgehalten, einer sorgfältig renovierten Flanierzone in der Nachbarschaft des Busbahnhofs Santa Catalina. Ein buntes Publikum interessiert sich für das preisgünstige Angebot an Kleidung, Schmuck, Kunsthandwerk und allerlei Gebrauchsgegenständen. Sobald die Stände morgens öffnen, füllt sich der Markt. Daher sollte man möglichst frühzeitig kommen. ■ Ramblas Alcalde Juan Rodríguez Doreste (Parque Blanco), So 9–14 Uhr, Plan S. 68/69 d2

⏐ Kneipen, Bars und Clubs

Bar Da Vinci Gemütliche Eckkneipe, eine wohltuende Abwechslung zu den oft schrillen Bars im Viertel. Das Angebot ist klassisch: gute Bierauswahl, Sangría, Kaffeespezialitäten, Tapas. ■ Calle Ripoche 6, So–Do 10–24, Fr, Sa 10–1 Uhr, Plan S. 68/69 d1

La Guarida del Blues Ein Dauerbrenner unter den Pianobars von Las Palmas. Nicht selten werden Liveauftritte einheimischer Bands organisiert, die bevorzugt Rock und Blues präsentieren. ■ Calle Portugal 68, Mi–Sa 15–24, So 15–21 Uhr, Konzerte Mi 20, Do, Fr 21, Sa 17 und 21, So 17 Uhr, Plan S. 68/69 c2

Events

Fiestas de La Naval Das wohl älteste Pilgerfest der Kanaren, schon 1560 schriftlich bezeugt, spielt sich rund um die Pfarrkirche Nuestra Señora de La Luz im Hafenviertel La Isleta ab. Seit 1595 wird es um den 6. Oktober gefeiert, um an die erfolgreiche Abwehr einer von Sir Francis Drake befehligten englischen Korsarenflotte zu erinnern.

Der Mercado Central bietet auch eine große Auswahl an frischem Fleisch und Fisch

Mit umfangreichem Programm, darunter viele abendliche Musik- und Tanzveranstaltungen.

Sport

Buceo 7 Mares Renommierte PADI-Tauchschule an der Playa de Las Canteras. Organisiert Tauchgänge, etwa zu diversen Schiffswracks vor Las Palmas. ■ Calle Tenerife 12, Tel. 928 46 79 59, www.7mares.es, Plan S. 68/69 d1

Escuela Hípica El Sabinal Den Reiterhof südlich der Stadt gründete 1968 eine Familie aus Andalusien. Hier trifft man einheimische Reiter. Ausritte und Unterricht auf schönen spanischen Pferden, u.a. auch für Kinder (15 Min. 7 €). ■ Lomo El Sabinal, Ctra. Cruz de Morera, Tel. 650 91 58 61, www.hipicaelsabinal.com, Plan S. 68/69 südl. c5

Nautisport Verchartert Jachten der Marke Jeanneau (bis zehn Personen) mit und ohne Skipper. Einzelpersonen können an Törns (z.B. 4 Std. entlang der Küste, Preis auf Anfrage) teilnehmen. Auch Schulung. ■ Calle León y Castillo 308, Tel. 667 66 40 43, www.nautisport.es, Plan S. 68/69 d2

Oceanside Rund ums Jahr werden hier Wellenreiten (Schulung pro Tag ab 25 €, Verleih) und SUP angeboten, entweder am Hausstrand Playa de Las Canteras oder mit Transfer zu den besten Spots. Für Kinder bis 15 Jahre gibt es Sommercamps. Vermittlung von Unterkünften im Surfhostel oder in Ferienwohnungen/Hotels. ■ Calle Almansa 14, Tel. 928 22 04 37, www.grancanariasurf.es, Plan S. 68/69 c2

Entspannung

Talasoterapía Las Canteras Supermodern ausgerüstetes Thalassotherapiezentrum mit geschultem Personal.

Gotischer Stil, doch erst 1932 eingeweiht: die Iglesia de San Juan Bautista in Arucas

Verschiedene Massagen und Anwendungen, etwa Packungen mit Meeresschlamm (65 €). Der »Circuito Atlántico« umfasst ein warmes Meerwasserbecken mit Jacuzzi und Powerduschen, heißem Pool, Sauna, Dampfbad und kaltem Tauchbecken. ■ Calle Padre Cueto 22, Tel. 928 27 11 70, www.talaso terapialascanteras.com, tgl. 9–22 Uhr, Circuito Atlántico 1 Std. 15 €, 2 Std. 20 €, Plan S. 68/69 d1

 In der Umgebung

Jardín Botánico Canario
| Botanischer Garten |

 Eine vielseitige Grünanlage, der Kanarenflora gewidmet

Der Garten zeigt Gewächse, die auf den Kanaren ursprünglich heimisch sind. Sämtliche Naturräume und Klimazonen des Archipels sind vertreten. Möglich wird dies durch die Vielfalt des Geländes, das sich von einer feuchten Schlucht einen durch Felswände

gegliederten Hang hinaufzieht. Die Idee dazu hatte der schwedische Botaniker Eric Ragnor Svensson (Sventenius), der die Anlage ab 1952 schuf und Pflanzen von allen Inseln zusammentrug. Als üppigster Vegetationsbereich des Gartens sticht der »Monteverde«

ADAC *Mobil*

Las Palmas verfügt über ein gut ausgebautes **Radwegenetz**. Das städtische Fahrradverleihsystem Sítycleta (www.sitycleta.com) verfügt über 500 Räder, die an zahlreichen Stationen abgeholt und zurückgebracht werden können. Wer nur sporadisch mietet, ist mit dem Basistarif (1,50 €/30 Min.) am besten bedient, elektronische Registrierung erforderlich. Als Alternative bietet sich die private Fahrradvermietung Free Motion (Calle León y Castillo 323, Tel. 928 77 46 60, www.free-motion.com) an.

hervor, ein grüner Dschungel aus Lorbeerwald, wie er in den mittleren Höhenlagen der feuchten Inselnordseiten zu Hause ist. Im trockeneren Süden wird er vom Pinar (Kiefernwald) abgelöst. Typisch für die tieferen, wärmeren Lagen sind der »Tabaibal-cardonal« aus skurrilen Wolfsmilchgewächsen und die agavenähnlichen Drachenbäume, die als lebende Fossilien gelten. Auch Sonderstandorte wie Salzwiesen an den Küsten oder Felsabhänge mit Dickblattgewächsen kommen zu ihrem Recht. Man sollte etwa zwei Stunden für den Besuch einplanen. Am oberen Rand befindet sich ein Café-Restaurant.

■ Ctra. del Dragonal (GC-310), Km 7, www.jardincanario.org, April–Sept. tgl. 9–19, Okt.–März 9–18 Uhr, Eintritt frei

2 Arucas

Ehrwürdige Stadt mit gewaltiger Kirche und einer Rumdestillerie

i Information

■ Oficina de Turismo, Calle León y Castillo 10, 35400 Arucas, Tel. 928 62 31 36, www.arucasonline.com

Mit etwa 37 000 Einwohnern ist Arucas eine der größten Gemeinden Gran Canarias. Schon in prähistorischer Zeit befand sich hier ein bedeutendes Siedlungszentrum. Nach der Eroberung legten die Spanier in dem wasserreichen Gebiet Zuckerrohrplantagen an. Einen richtigen Boom gab es Ende des 19. Jh., als in Arucas eine Zuckerindustrie entstand. Mittlerweile wurde das süße Rohr durch Bananen und Gemüse ersetzt. Die einstige Zuckerfabrik produziert heute Rum aus importiertem Rohmaterial. In der Altstadt von Arucas kann man den Zeiten großen Wohlstands nachspüren. Nahe der Kathedrale, die eigentlich gar keine ist (s.u.), stehen in der Calle León y Castillo und der Calle Francisco de Gourié noch herrschaftliche Häuser aus früherer Zeit. Im Norden ragt die markante Montaña de Arucas (402 m) auf. Der Aussichtspunkt an ihrem Gipfel bietet einen hervorragenden Überblick über Stadt und Umgebung und wird an Wochenenden gern von einheimischen Ausflüglern angefahren, die hier auch eine Einkehrmöglichkeit (S. 87) finden.

👁 Sehenswert

Iglesia de San Juan Bautista
| Kirche |

Obwohl in Arucas nie ein Bischofssitz bestand, wird das weithin sichtbare Gotteshaus wegen seiner enormen Dimensionen landläufig als Kathedrale bezeichnet. Das Geld für die neugotische Kirche stiftete der Zuckerindustrielle Francisco de Gourié. Errichtet wurde sie ab 1909 nach Plänen von Manuel Vega y March, einem Schüler des katalanischen Jugendstilarchitekten Antoni Gaudí. Deshalb und wegen ihrer langen Bauzeit – erst 1977 konnte der 65 m hohe Glockenturm fertiggestellt werden, und 1989 wurde der letzte Stein gesetzt – wird sie gerne mit der Sagrada Familia in Barcelona verglichen. Als Baumaterial diente der dunkle Basalt der Umgebung, »piedra de Arucas«, der noch heute von mehreren Steinmetzen im Ort verarbeitet wird. Die Buntglasfenster lieferte die französische Firma Mauméjean. Darüber hinaus sind im Inneren auch einige Skulpturen aus dem Vorgängerbau bemerkenswert, etwa das Kruzifix (Ende 16. Jh.) über dem Hauptaltar, das vielleicht aus Italien stammt. Es führt am Karfreitag eine große Prozession an. Ein Café stellt Tische auf die geräumige Plaza de San Juan. Südlich grenzt eine lauschige kleine Parkanlage an die Kirche.

■ Plaza de San Juan

Plaza de la Constitución
| Platz |

Auf diesem Platz spielte sich im 19. und bis weit ins 20. Jh. hinein das städtische Leben ab. Hier erheben sich nach wie vor die Casas Consistoriales, das alte Rathaus von 1875. Von der ehemaligen Markthalle blieb nur die Fassade. Außerdem steht hier die Casa del Mayorazgo, einst Sitz der Familie Gourié. Heute logiert darin das Gemeindemuseum, der zugehörige Garten ist als Parque Municipal (Mo–Do, So 9–22, Fr, Sa 9–22.30 Uhr) öffentlich zugänglich. Pflanzen aus allen Kontinenten sind in dem gepflegten Stadtpark vertreten, durch den, vorbei an Blumenrabatten, gepflasterte Spazierwege führen.

Jardín de la Marquesa
| Park |

Am Nordwestrand der Stadt ließ der Graf von Arucas, Ramón Madan y Uriondo, ab 1880 den romantischen Garten für seine Ehefrau anlegen. Auf 5 ha sind hier über 500 Pflanzenarten versammelt, die der Hausherr von eigenen Reisen mitbrachte oder im Austausch von anderen Adelsfamilien erhielt. Der beachtliche Baumbestand existierte teilweise schon auf dem Gelände, darunter ein stattlicher Drachenbaum, dessen Alter heute auf 400 Jahre geschätzt wird. Um ihn herum bestimmen heute Palmen die Parkanlage.

■ La Jolla 2, www.jardindelamarquesa. com, Mo–Sa 9–13, 14–18 Uhr, 6 € (falls die Kasse nicht besetzt ist, bitte klingeln)

 Parken

Auf dem großen Festgelände östlich der Iglesia de San Juan Bautista darf gratis geparkt werden – sofern nicht gerade eine Veranstaltung stattfindet.

Rumfässer so weit das Auge reicht: Die Destilería Arehucas kann man besichtigen

🍴 Restaurants

€€ | **El Secreto de Arucas** Auf der Montaña de Arucas, mit Panoramablick und innovativer Küche zu erschwinglichem Preis. Auch schön für einen Sundowner. ◾ Calle Dr. Fleming, Tel. 605 17 50 57, Mi, So 13–20, Do–Sa 13–24 Uhr

€€ | **La Marea Beach Club Salinas** Feines Restaurant mit mediterraner Küche und dem bequemen Ambiente eines Strandclubs. Fast ausschließlich einheimische Gäste. ◾ Bañaderos (8 km nördl. von Arucas), El Puertillo, Paseo de los Charcones, Tel. 928 62 77 45, Mo–Do 13.30–23.30, Fr–So 13.30–24 Uhr

🛍 Einkaufen

 Arehucas Stellt den traditionellen weißen Rum der Marke »Carta Blanca« her, aber auch länger gereifte braune Spezialitäten wie den eleganten »Arehucas 18« oder den »Ron Miel Guanche« mit echtem Bienenhonig. Über 4000 Eichenfässer mit Rum lagern in den Gewölben der Destille, einer der größten Europas. Geführte Besichtigung mit Probe (45 Min.) möglich. ◾ Calle Era de San Pedro 2, www.arehucas. es, Mo–Fr 9–14 Uhr, 3,50 €, kostenfreier Parkplatz

3 Teror

Wichtigstes Pilgerzentrum von Gran Canaria mit sehenswerter Altstadt

ℹ Information

◾ Oficina de Turismo, Calle Padre Cueto 2, 35330 Teror, Tel. 928 61 38 08, www.teror.es

Als spirituelles Zentrum der Insel gilt die Kleinstadt Teror mit ihrer Pilgerkirche, in

Die gesamte Altstadt von Teror steht seit 1979 unter Denkmalschutz

der die Grancanarios ihre Schutzheilige verehren. Rund um den Kirchplatz und in der angrenzenden Calle Real de la Plaza stehen prächtige Bürgerhäuser im kanarischen Stil, von denen einige auf das 16. Jh. zurückgehen. Erst 1958 entstand nach einem Entwurf des vielseitig talentierten Komponisten und Schriftstellers Néstor Álamo in Kirchnähe die Plaza de Teresa de Bolívar. Der liebevoll gestaltete Platz erinnert an die Gemahlin des südamerikanischen Freiheitskämpfers Simón Bolívar. Ihr Urgroßvater, Graf von Toro, war von Teror nach Venezuela ausgewandert. Sie selbst wurde allerdings in Madrid geboren und ging erst mit ihrem Mann 1802 nach Amerika, wo sie kurz darauf an Gelbfieber starb. Verzierte Steinbänke laden zu einer Verschnaufpause mit Blick auf die Basilika ein.

Zur Fiesta de la Virgen del Pino pilgert die halbe Insel ins beschauliche Teror

 Sehenswert

Basílica de Nuestra Señora del Pino
| Wallfahrtskirche |

 Wichtigstes Pilgerziel der Insel am Ort einer Marienerscheinung

An dieser Stelle soll am 8. September des Jahres 1481 die Jungfrau Maria in einer gewaltigen Kiefer erschienen sein. Zunächst wurde ihre Statue in dem Baum selbst verehrt, 1514 errichtete man schließlich eine erste Kapelle. Ab 1760 entstand dann der heutige Bau mit der anmutigen Barockfassade, auf der zentral ein Glockengiebel sitzt. Vom früheren Kirchenbau blieben der achteckige Turm aus ockerfarbenem Naturstein und die mittelalterlich anmutenden Wasserspeier erhalten.

Das Innere wird von kleinen Buntglasfenstern (um 1920) in ein schummriges Licht getaucht. Eine schöne Artesonado-Holzdecke überspannt den Raum. Zwei Skulpturen, die der Hand von Luján Pérez entstammen, spielen eine Hauptrolle bei den Prozessionen der Semana Santa: Der »Christus an der Geißelsäule« wird in der Karwoche am Dienstag durch die Straßen getragen, der »Gekreuzigte Christus« am Freitag. Im Zentrum der Aufmerksamkeit steht allerdings die Figur der Virgen del Pino, der Kiefernjungfrau, im vergoldeten Retabel des Hauptaltars. Das heutige Bildnis soll 1535 aus Spanien nach Gran Canaria gebracht worden sein, um eine ältere, kleinere Skulptur zu ersetzen. Auffällig sind die beiden unterschiedlichen Gesichtshälften: eine lächelt, die andere wirkt traurig.

ADAC *Mittendrin*

Mit Kind und Kegel rücken die Canarios am Sonntag an, um auf dem **Mercadillo de Teror** das eine oder andere Schnäppchen zu machen. In der sonst so stillen Stadt herrscht dann großer Trubel. Seit jeher verbinden die Menschen den Besuch des Inselheiligtums gern mit einem Einkaufsbummel. Heute drängen sich rund 140 Marktstände rings um die Basilika. Deftige Würste, Käse, Süßigkeiten und Brot werden ebenso feilgeboten wie Kleidung, Kunsthandwerk und religiöse Andenken. Sind die Tragetaschen gut gefüllt, beginnt der gemütliche Teil. Dann setzen sich die Marktbesucher in die benachbarten Cafés, gönnen sich einen »cortado« mit viel süßer Milch und palavern über Gott und die Welt. Plaza de Sintes, So 9–15 Uhr

Plaza Nuestra Señora del Pino, Mo 13–20.30, Di–Fr 9–13, 15–20.30, Sa 9–20.30, So 7.30–19.30 Uhr

P Parken

Parkhaus in der Avenida de Néstor Álamo 1 (Durchgangsstraße GC-21, ca. 100 m südl. der Basílica de Nuestra Señora del Pino). Wegen der Einbahnstraßenregelung kann es nur von Westen her angefahren werden. Wer von Osten kommt, kann den Parkplatz in der Calle San Juan Bosco ansteuern (200 m Fußweg zur Basílica). In den engen, meist autofreien Straßen des Stadtzentrums findet man ansonsten kaum Parkmöglichkeiten. Sonntags zur Marktzeit sind Parklücken knapp, daher frühzeitig kommen!

Restaurants

€€ | **El Encuentro** Alteingesessenes, typisches Restaurant. Professionell geführt, auf der Karte stehen klassische Gerichte wie »potaje de berros« (Brunnenkressesuppe) oder »pulpito frito« (gebackener Tintenfisch). Plaza Nuestra Señora del Pino 5, Tel. 928 63 19 03, Di–Do 9–19, Fr, Sa 9–23.45, So 10–18 Uhr

Events

Fiesta del Pino Gran Canarias wichtigstes Kirchenfest ist die Wallfahrt nach Teror in den Tagen rund um den 8. September. Dann füllen Tausende von Pilgern ihre Rucksäcke mit Proviant und huldigen der Virgen del Pino. Es findet eine große Prozession mit mehrtägigem Begleitprogramm statt, zu dem auch ein Viehmarkt, ein traditionelles Pferderennen sowie ein Feuerwerk zählen. www.teror.es

Im Blickpunkt

Der kanarische Stil

Typisch für die Inselarchitektur sind holzgeschnitzte Balkone an den Fassaden alter Adelspaläste und Bürgerhäuser. Sie gehen auf den Mudéjar zurück, die Kunst der nach der Reconquista in Spanien verbliebenen Mauren. Mit den europäischen Siedlern kam der Stil auf die Kanaren, wo er über Jahrhunderte hinweg gepflegt wurde. Bei dem verwendeten Material handelte es sich stets um das widerstandsfähige Kernholz (»tea«) der Kanarischen Kiefer. Während der untere Teil der Brüstung meist aus rechteckigen, geschnitzten Kassetten besteht, sind darüber Gitterstäbe oder gedrechselte Säulen angebracht. Ein ziegelgedecktes Dach, auf Pfeiler gestützt, spendet Schatten. Neuerdings wird der kanarische Stil auch bei Hotelbauten und anderen modernen Gebäuden aufgegriffen.

4 Vega de San Mateo

Landwirtschaftliches Zentrum mit großem Wochenendmarkt

i Information

 Oficina de Turismo, Calle Dr. Ramírez Cabrera 9, www.sanmateoturistico.es

Dank seines niederschlagsreichen Klimas in 800 m Höhe über dem Meer ist Vega de San Mateo ein bedeutender Produktionsstandort für Obst und Gemüse. Auch Viehzucht spielt eine Rolle. Abgesehen vom Wochenendmarkt

(s.u.) bietet das Bauernstädtchen allerdings wenig für Touristen. Die stark befahrene Geschäftsstraße Avenida Tinamar (GC-15) verläuft längs hindurch. Von ihr führt eine kurze Fußgängerallee, die meist eher verwaist wirkende Rambla de la Constitución, in den zentralen Bereich, um dort auf ein bemerkenswertes architektonisches Ensemble zu treffen. Die 1895 vollendete Kirche steht für den Eklektizismus, eine für die Inseln typische Mischung verschiedener historischer Stilrichtungen. Ihren Glockenturm entwarf der Barockbildhauer Luján Pérez.

Der Platz dahinter mit einem Musikpavillon und den Casas Consitoriales (Rathaus) entstand 1943 im regionalisierenden Stil der Franco-Zeit. Hier verläuft auch die von schönen alten Häusern gesäumte ehemalige Hauptstraße, die heute sehr ruhige Calle Principal. Die Bewohner von Vega de San Mateo halten noch an der Siesta

ADAC *Mobil*

Auch auf Gran Canaria gibt es **Radarfallen**. Bußgeldbescheide werden in alle europäischen Länder zugestellt oder es wird gleich vor Ort kassiert. Bereits geringfügige Überschreitungen gehen sehr ins Geld (ca. 100 € schon ab 1 km/Std. über dem jeweiligen Tempolimit). Aufzupassen gilt es v. a. auf der Autobahn GC-1 sowie in Las Palmas auf der mehrspurigen Uferstraße (Avda. de Canarias). Dort stehen an mehreren Stellen fest installierte Radargeräte (angekündigt durch blaue Schilder mit der Aufschrift »Velocidad controlada por radar«). Außerdem sind mobile Blitzer unterwegs.

fest, die ansonsten auf den Kanarischen Inseln aus der Mode zu kommen scheint. Sie vertrödeln die frühen Nachmittagsstunden gern in den Bars und Restaurants, die sich an der Avenida Tinamar aneinanderreihen.

 Parken

An der Avenida Tinamar (GC-15) oder auf den großen zentralen Parkplätzen bei den Markthallen, überall gebührenfrei. An Markttagen (Sa, So) sind Parklücken knapp.

 Einkaufen

Dulcería San Mateo Eine Fülle süßer Versuchungen liegt in der breiten Theke, allen voran verschiedene Kuchen und Plätzchen mit Mandeln sowie hausgemachtes Marzipan (»mazapán«) und Nougat (»turrón«). Wer einen der knappen Tische ergattert, kann diese Spezialitäten gleich vor Ort zu einer Tasse Kaffee verspeisen. ■ Calle Principal 37, Di–Fr 9–13.15, 16–20.15, Sa, So 9–14, 16–20.15 Uhr

Mercado Agrícola y Artesanal Gran Canarias größter Bauern- und Kunsthandwerkermarkt zieht am Wochenende zahlreiche Besucher an. Eine Markthalle ist für Obst, Gemüse, Käse und andere Lebensmittel – vorwiegend aus einheimischer Produktion - reserviert, eine zweite für Kleidung und Souvenirs. ■ Calle Antonio Perera Rivero, Sa 8–20, So 8–14.30 Uhr

 Events

Fiesta del Agricultor Bauernfest an einem Wochenende Anfang Juli mit Pferderennen, Vorführungen von Kühemelken und Schafschur, Verkostung

Gran Canarias wichtigster Bauernmarkt: Mercado Agrícola in Vega de San Mateo

typischer Produkte, Folkloremusik und Tanzgelegenheit auf dem Dorfplatz.

5 Santa Brígida

Weitläufiger Villen- und Gartenort mit noblem historischem Kern

i Information

■ Oficina de Turismo, Calle Nueva 13, www.santabrigida.es

Das historische Zentrum von Santa Brígida liegt im oberen Ortsbereich, umgeben von einer üppigen Gartenlandschaft mit den Anwesen der betuchteren Grancanarios. Von der GC-15 (bei Km 4) führt die von alten Adels- und Bürgerhäusern gesäumte Fußgängerzone Calle Real ins idyllische Viertel bei der Kirche. Ein paar Lokale stellen Tische in die autofreien Gassen.

Sehenswert

Parque Agrícola de Guiniguada
| Landwirtschaftspark |

Auf den Terrassenfeldern der Finca El Galeón werden in der netten Parkanlage diverse Nutzpfanzen der Kanarischen Inseln gezeigt. Unter einem weinumrankten Laubengang lässt es sich bequem auf Bänken ausruhen. Und Kinder wird es freuen, dass in der Tierabteilung Esel und Ponys leben.
■ Sommer Mo–Fr 9–20, Sa, So 10–20, Winter Mo–Fr 9–19, Sa, So 10–19 Uhr, Eintritt frei

Casa Museo del Vino
| Weinmuseum |

Die Inselregierung unterhält in einem ehemaligen herrschaftlichen Gutshaus ein Weinmuseum mit Probiermöglichkeit und Verkauf. Außerdem werden hier Informationen über die Qualitätsweine der rund 50 Bodegas auf Gran Canaria erteilt.

■ Calle Salvo Cotelo 26 (GC-15, Km 3,9), Di–Fr, So 10–14 Uhr, Mo und Sa geschl., Eintritt frei; außerhalb der Öffnungszeiten kann man im angeschlossenen Restaurant La Tasca del Vino (Di–Do 13–23, Fr, Sa 13–24, So 13–17 Uhr) die Weine probieren und kaufen

Parken

Von der GC-15 bei Km 4 abzweigen (Schilder »Ayuntamiento«, »Mercadillo«), dann liegt gleich rechts ein großer zentrumsnaher Gratisparkplatz.

Restaurants

⑥ €€€ | **Bodegón Vandama** Im Gemäuer eines alten Gutshofs hat sich dieses einzigartige Lokal eingerichtet. Unter den Vorspeisen ragen die Wurstspezialitäten heraus, bei den Hauptgerichten die »solomillos« (Filetsteaks). Eine exquisite, hausgemachte Schokoladentorte kann das Menü beschließen. Am Freitag gibt es oft Livemusik zum Dinner. Auf der Finca wird eigener Rotwein der Marke »Vandama« gekeltert. Nach vorheriger Anmeldung ist die Bodega mit den ehrwürdigen Weinfässern zu besichtigen. ■ Ctra. Bandama 116, Tel. 928 35 27 54, www.bodegonvandama.com, Mi–Sa 13–16, 20–24, So 13–17.30 Uhr

Einkaufen

Centro Locero La Atalaya Das Töpferzentrum bewahrt bis in vorspanische Zeit reichende Traditionen, bildet junge Keramiker aus und veranstaltet Workshops. Mit Ausstellung und Verkauf. ■ La Atalaya (2 km östl. von Santa Brígida),

Camino a La Picota 11, Mo–Sa 10–14, Di–Fr auch 17.30–20.30 (Do bis 20) Uhr

Mercadillo de Santa Brígida Völlig untouristischer Lebensmittelmarkt in der örtlichen Markthalle mit großer Auswahl. ■ Paseo del Guiniguada, Fr 15–20, Sa 7–20, So 7–14 Uhr

In der Umgebung

Caldera de Bandama
| Vulkankrater |

④ *Aussichtspunkte bieten Blicke in den Bilderbuchkrater*

Als eines der jüngsten Zeugnisse des Vulkanismus auf Gran Canaria gilt die-

ser 200 m tiefe und 1 km breite Kraterkessel. Vermutlich ist die Caldera vor etwa 5000 Jahren aus einem Vulkan durch wiederholte Eruptionen und nachfolgendem Einsturz entstanden. Im Norden ragt, durch eine Straße erschlossen, der Pico de Bandama (574 m) auf. Vom dortigen Mirador (mit Infostelle) genießt man den Blick sowohl in Richtung Las Palmas als auch in die Caldera de Bandama. Diese verdankt ihren Namen dem flämischen Händler Daniel van Damme, der auf dem fruchtbaren Kraterboden schon im 16. Jh. Wein anbaute. Bis heute bestellt ein älterer Landwirt unten ein paar kleine Felder. Vor der spanischen Conquista besiedelten Ureinwohner dieses Gebiet. Am Nordrand des Kraters fand man die Reste einer Siedlung, die sogenannten Cuevas de los Canarias, mit Wohnhöhlen und einer großen Speicherhöhle für Vorräte.

Ein relativ steiler Weg (hin und zurück insgesamt 2 Std.) führt hinab auf den Grund des Kraters. Alternativ kann man zu Fuß eine Runde über den Kraterrand drehen (1–1,5 Std.) und unterwegs im Café-Restaurant Los Geranios einkehren. In beiden Fällen ist jedoch festes Schuhwerk von Vorteil.

■ GC-802, 5 km östl. von Santa Brígida

Vom Kraterrand blickt man in den 200 m tiefen Schlund der Caldera de Bandama

Telde

Metropole im Osten mit denkmalgeschützter Altstadt

Keinerlei Rummel, authentisches Flair: die Plaza San Juan Bautista in Telde

ℹ Information

◼ Oficina de Información y Turismo (Casa Condal), Calle Conde de la Vega Grande 9, 35200 Telde, Tel. 928 69 81 52, www.teldeturismo.es
◼ Parken: S. 99

Obwohl Telde mit rund 102 000 Einwohnern Gran Canarias zweitgrößte Stadt ist, geht es doch beschaulich und fast gänzlich untouristisch zu. Sicher spielt dabei auch die Sogwirkung der benachbarten Inselhauptstadt Las Palmas eine Rolle. Dabei hat Telde viel ältere Wurzeln, die bis in vorspanische Zeit reichen, wie zahlreiche Funde belegen. Schon Mitte des 14. Jh. ließen sich die ersten europäischen Siedler hier nieder, unter ihnen Augustiner- und Karmelitermönche, die im Jahr 1391 allerdings von den Ureinwohnern noch vertrieben wurden. Nach der Conquista entwickelte sich Telde zum wohlhabenden Marktzentrum inmitten von Zuckerrohrplantagen. Heute lebt man von Handel und Gewerbe im Umfeld des Flughafens.

Wie eine Schneise durchschneidet die Avenida del Cabildo Insular (GC-10) die Stadt. Man hat sie durch eine alleeartige Bepflanzung und eine Promenade auf dem Mittelstreifen mit Bänken, Pavillons und Skulpturen aufgewertet.

Plan
S. 97

Dennoch mangelt es ihr an Flair, das eher im angrenzenden Parque Arnao zu finden ist, einem noch recht jungen, gepflegten Stadtpark. Die Avenida trennt die neueren Wohn- und Geschäftsviertel im Süden vom historischen Teil im Norden. Touristisch interessant ist v. a. Letzterer mit lauschigen Gassen und verschiedenen Baudenkmälern aus vergangenen Jahrhunderten. An der einstigen Prachtstraße Calle León y Castillo stehen herrschaftliche Paläste neben einfachen Häusern. Einige sind herausgeputzt, andere haben bessere Tage gesehen. Nach wie vor sind hier alle wichtigen Einrichtungen für die Anwohner zu finden, etwa Bank,

Apotheke oder Friseur, wie auch ein paar kleinere Restaurants und Pubs.

 Sehenswert

 ### Casa-Museo León y Castillo
| Museum |

Nach der Familie León y Castillo sind auf den Kanarischen Inseln zahlreiche Straßen benannt. Ihr Stammsitz in Telde wurde mit dem Nachbarhaus zu einem Museum zusammengefasst. Dieses ist schon allein wegen der beiden vornehmen Innenhöfe und einer Originalküche aus dem 19. Jh. sehenswert. Die umfangreiche Sammlung zeigt diplomatische Dokumente von Fernando León y Castillo (1842–1918), der unter König Alfons XII. als Minister für die spanischen Überseegebiete verantwortlich war, ebenso wie Konstruktionspläne seines Bruders Juan. Dieser leitete als Ingenieur den Hafenausbau von Las Palmas und erbaute die Puente de Siete Ojos, eine siebenbogige Straßenbrücke über den Barranco Real im Nordwesten von Telde. Außerdem sind umfangreiche Sammlungen von Kunstgegenständen, Uhren, Waffen und zahlreichen anderen Gegenständen ausgestellt.

■ Calle León y Castillo 43–45, www.fernandoleonycastillo.com, Di–So 10–18 (Juli–Sept. bis 19) Uhr, 2 €

 ### Basílica de San Juan Bautista
| Kirche |

Schon 1484 wurde mit dem Bau der Hauptkirche von Telde begonnen, die damit eines der ältesten Gotteshäuser der Kanaren ist. Ihr Hauptportal mit

Das in Gold gefasste Retabel des Hochaltars der Basílica de San Juan Bautista

dem flachen Spitzbogen und den teilweise arabisch anmutenden Verzierungen gilt als schönes Beispiel für die sevillianisch-portugiesische Gotik.

Die beiden Türme aus dem dunklen Basaltgestein von Arucas kontrastieren mit der weißen Fassade. Im vergoldeten Retabel des Hauptaltars wird der Santo Cristo de Telde aus dem 16. Jh. hoch verehrt, um den sich eine Auffindungslegende am Strand bei Telde rankt. Indianer in Mexiko formten die Christusfigur aus dem Mark der Maispflanze. Ein weiteres Schmuckstück des Gotteshauses ist das Triptychon mit Bildern aus dem Marienleben, das Kirchengründer Cristóbal García del Castillo nachweislich vor 1525 aus Flandern bringen ließ.

Zahlreiche Heiligenstatuen im Inneren stammen von José Luján Pérez (1756–1815). Die Figur von Johannes dem Täufer schuf der nicht weniger bekannte Bildhauer Fernando Estévez (1788–1854) aus Teneriffa. Flamboyants und Indische Lorbeerbäume beschatten den Kirchplatz, auf dem die Menschen zusammenkommen, wenn es eine Hochzeit zu feiern oder einen Todesfall zu beklagen gibt. Ansonsten vertreiben sich nur ein paar ältere Männer aus der Umgebung hier die Zeit.

■ Plaza de San Juan, Mo–Fr 8–14, 17–20 Uhr

❸ Casas Consistoriales
| Altes Rathaus |

Am Kirchplatz steht auch das klassizistische Rathaus (erstes Drittel 19. Jh.) mit einem hübschen Innenhof im neokanarischen Stil. In einem Saal im Erdgeschoss finden zuweilen Kunstausstellungen statt. Den typischen Holzbalkon über dem Eingang schmücken meist die Flaggen Spaniens, des Kanarenarchipels und der Stadt Telde. Nebenan im Casino La Unión, einer ehrwürdigen Institution, trifft sich die örtliche Gesellschaft hinter verschlossenen Türen. Außenstehende haben hier leider keinen Zutritt.

■ Plaza de San Juan, Mo–Fr 8–15 Uhr

❹ Iglesia de San Pedro Mártir
| Kirche |

An der alten Straße nach Las Palmas markierte die Kirche mit einem zugehörigen Hospital seit Mitte des 16. Jh. die Zufahrt in die Stadt. Der schnörkellose Bau vereint Stilelemente der Gotik und Renaissance. Manchmal werden im Inneren Ausstellungen organisiert.

■ Plaza de San Pedro Mártir, unregelmäßig geöffnet

⑤ Barrio San Francisco
| Altstadtviertel |

Durch ein fruchtbares Tal mit Obstplantagen vom Zentrum der Altstadt Teldes getrennt, liegt im Westen der malerische Ortsteil San Francisco. Traditionell bildet er das Wohngebiet der einfacheren Leute. Hier lebten ursprünglich Handwerker, Tagelöhner und viele Juden, die vor der Inquisition aus Spanien geflüchtet waren. Später, im 18. Jh., ließen sich auch wohlhabende Händler in dem Viertel nieder.

Die herausgeputzte Brückenstraße Calle Inés Chemida führt hinüber ins Barrio San Francisco. Am besten lässt man sich dann einfach durch die verwinkelten Gassen treiben, bewundert den Blumenschmuck der Häuser und ihre typische, aus Andalusien übernommene Architektur. Die Kreuze an den Wänden gehören zur Via Crucis, die der Franziskanerorden im Jahr 1610 einrichtete, um Prozessionen auf dem Leidensweg Christi zu veranstalten.

Früher oder später steht man vor der ehemaligen Klosterkirche Iglesia de San Francisco (Anfang 17. Jh.) an der gleichnamigen Plaza. Neben ihren zwei schlichten Schiffen ragt ein breiter, aus Naturstein gemauerter Glockenstuhl auf. Eingerichtet ist sie im Barockstil, wobei drei vielfarbig bemalte Steinretabel herausragen.

⑥ Yacimiento El Bailadero
| Archäologische Stätte |

Auf dem Bergrücken, den heute das Barrio San Francisco einnimmt, befand sich einstmals eine bedeutende prähistorische Wohn- und Kultstätte. Zahlreiche Höhlen wurden gefunden, außerdem stieß man auf Pfannen und Kanäle im Gestein, die von den Ureinwohnern seinerzeit vermutlich für Tier- und Milchopfer genutzt wurden. Vergitterte

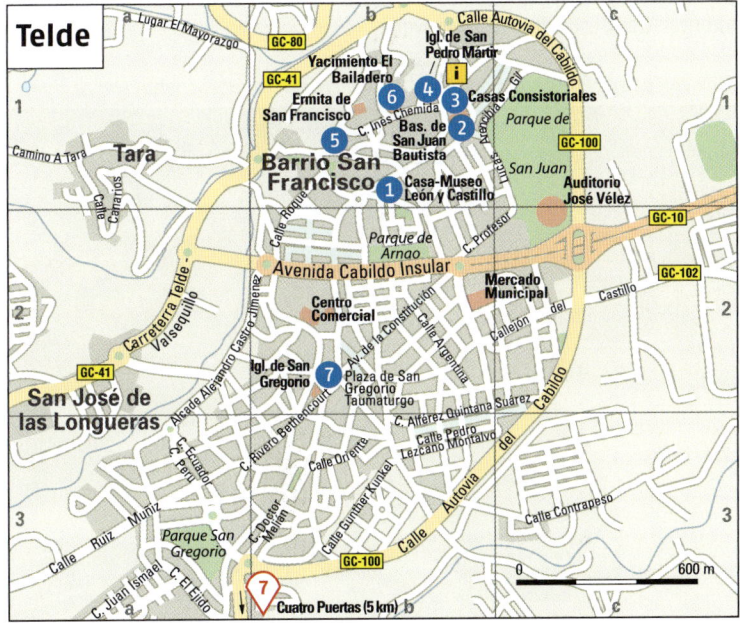

ADAC *Spartipp*

Benzin ist auf den Kanaren dank Steuerfreiheit etwa 0,30–0,40 €/l preisgünstiger zu haben als in Deutschland oder Österreich. Aber es gibt noch weiteres Sparpotential. Unter www.gasolineras24.com sind die aktuellen Preise für alle Tankstellen auf Gran Canaria gelistet. Generell zahlt man im Süden der Insel bis zu 0,10 €/l mehr als im Norden. Es lohnt sich, bei einem Ausflug in die kleineren Städte wie Arucas, Teror oder Gáldar den Tank zu füllen. Die Tankstellen in Las Palmas und in Flughafennähe liegen preislich irgendwo dazwischen. Sofern im Mietwagenvertrag die meist übliche Voll-voll-Regelung festgehalten ist, sollte man den Wagen auf jeden Fall vollgetankt abgeben, da die Vermieter andernfalls einen erhöhten Benzinpreis in Rechnung stellen. Eine Tankstelle befindet sich unmittelbar am Flughafen.

Bogengänge gewähren von außen Einblick in die Ausgrabungsstätte.

■ Calle Bailadero

7 Plaza de San Gregorio Taumaturgo
| Platz |

Lebendiger Mittelpunkt der Neustadt von Telde ist dieser dreieckige Platz vor der gleichnamigen Kirche (1848) inmitten des Geschäftsviertels. Er wurde sorgfältig gestaltet, mit Sitzbänken, Musikpavillon, schattigen Lorbeerbäumen, Blumenkübeln und einer Bronzeskulpturengruppe, die den Schuhputzer ehrt. Dieser Beruf wurde noch vor wenigen Jahrzehnten überall auf den Kanaren ausgeübt. Wenn es etwas in Telde zu feiern gibt, werden auf der Plaza die Bühnen aufgebaut. Auch gibt es hier Straßencafés, die in der Altstadt so augenfällig fehlen.

Auf der Plaza de San Gregorio kommt auch das Gewerbe der Schuhputzer zu Ehren

P Parken

Um die Altstadt zu besuchen, folgt man am besten von Osten her der Avenida del Cabildo Insular (GC-10) und biegt nach dem Parque Arnao rechts ab (Schild: San Juan). Dort gibt es in der Nähe des Supermarkts Hiper-Dino und des Kreisverkehrs an der Calle León y Castillo gebührenfreie Parklücken sowie zwei private, gebührenpflichtige Parkplätze. Alternativ kann man in unmittelbarer Nähe der Basílica de San Juan Bautista in der AMMAP-Parkgarage (Calle Prof. Lucas Arencibia Gil, erste Stunde 2,10 €, danach 1,80 €/Std.) parken.

Restaurants

€ | Picoteo El Brezal Kleines, inseltypisches Lokal mit Tapas und günstigen Tagesmenüs. ■ Calle León y Castillo 82, Tel. 928 70 15 82, Mi 12.30–16.30, Do 12.30–16, 20–23, Fr, Sa 12.30–16, 20–23.45, So 12.30–16.15 Uhr, Plan S. 97 b1

Einkaufen

Quesos Flor Valsequillo Traditionelle Käsesorten direkt vom Hersteller. Breite Produktpalette, auch diverse Sorten Rohmilchkäse. ■ Valsequillo, 7 km westl. von Telde, Calle Salvia 14, www.quesos florvalsequillo.com, Mo–Fr 8.30–19, Sa 8–13 Uhr, Plan S. 97 westl. a2

In der Umgebung

Cuatro Puertas
| Archäologische Stätte |

(7) *Die altkanarische Kulthöhle ist nach ihren vier Portalen benannt*

Zu den interessantesten Hinterlassenschaften der Altkanarier zählt diese an

Der Kultplatz am Gipfel der Stätte Cuatro Puertas diente wohl für Tieropfer

der Spitze eines 319 m hohen Hügels künstlich geschaffene Höhle, in die von Norden her vier Tore (»cuatro puertas«) führen. Weit blickt man von hier über die Küstenebene. Es dürfte sich um einen Versammlungsraum, vielleicht auch um die Wohnstätte eines Fürsten oder Priesters gehandelt haben. Auf dem Gipfel selbst befindet sich ein »almogarén«, ein Kultplatz mit kreisförmiger Rinne, wo vermutlich Tieropfer erbracht wurden. Am Südhang des Berges existieren weitere, bis zur Conquista im 15. Jh. wohl zu Wohnzwecken und später als Ställe genutzte Höhlen. Ein bequemer Weg führt durch das mit Informationstafeln ausgestattete Gelände.

■ 6 km südl. von Telde, Calle Guanche, tgl. 6–21 Uhr, Eintritt frei

Übernachten

In Las Palmas konzentrieren sich die Hotels hinter der Playa de Las Canteras. Dort gibt es auch zahlreiche Apartmenthäuser. Beide eignen sich für eine Kombination aus Städtereise und Strandurlaub. Ein paar Hotels findet man außerdem im Hafenviertel Santa Catalina, wo vorwiegend Geschäftsreisende sowie Kreuzfahrttouristen vor oder nach der Schiffsreise übernachten. In den historischen Stadtteilen Vegueta und Triana gibt es nur ein paar kleinere Pensionen. Einige schicke Landhotels bietet das Umland der Stadt. Das Preisniveau liegt insgesamt deutlich unter demjenigen in den Ferienorten des Südens.

Las Palmas 66

€ | **Aloe Canteras** Mit drei Sternen dekoriertes, sauberes Hotel in günstiger strandnaher Lage. Die Zimmer sind freundlich eingerichtet, einige verfügen über einen Balkon. Passt gut für einen kurzen Citytrip. ■ Las Canteras, Calle Sagasta 98, Tel. 928 46 49 07, www.hotelaloe-canteras.com

€ | **Madrid** Charmante Hotelpension mit 18 Zimmern, manche allerdings nur mit Etagenbad. Am schönsten wohnt man mit Privatbad und Balkon zum Platz hin, ist dann allerdings mitten im Geschehen. Buchbar über www.booking.com. ■ Triana, Plaza Cairasco 4, Tel. 928 36 06 64

€€ | **AC Gran Canaria** Das elegante Hochhaushotel gewährt einen Blick über die Playa de Las Canteras oder über die Stadt, je nachdem auf welcher Seite man wohnt. Die Zimmer lassen kaum Wünsche offen. Am schönsten präsentieren sich die Suiten mit separater Sitzecke. ■ Las Canteras, Calle Eduardo Benot 3–5, Tel. 928 26 61 00, www.marriott.com

€€ | **Bed & Chic Las Palmas** Das zeitgemäße Boutique-Hotel in einem alten Stadthaus ist mit Designermöbeln gediegen eingerichtet, und es gibt eine Dach-Sonnenterrasse im Lounge-Stil. Zu den Bars und Pubs im Viertel Santa Catalina sind es von hier aus nur ein paar Schritte. ■ Santa Catalina, Calle General Vives 76, Tel. 928 90 42 89, www.bedandchic.com

€€ | **Cantur City Hotel** Hier ist das ganz große Plus die Dachterrasse mit Pool und Jacuzzi. Unweit der Playa de Las Canteras, aber eher ein Stadt- als ein Strandhotel. Standardisierte, nicht allzu große Zimmer. ■ Las Canteras, Calle Sagasta 28, Tel. 928 27 23 73, www.hotelcantur.com

€€ | **Casa Mozart** Die fünf stilvoll möblierten Zimmer in dem hübschen kanarischen Haus sind immer schnell ausgebucht. Familiäre Atmosphäre. Sonnenterrasse und Garten stehen allen Gästen zur Verfügung. ■ Ciudad Jardín, Calle Mozart 2, Tel. 928 91 85 39, www.casamozart.com

€€ | **Exe Las Canteras** Ein modernes Hotel am mittleren Abschnitt der Playa de Las Canteras. Die Zimmer sind großzügig gestaltet, mit Balkon und Meerblick. Hauseigenes Restaurant vorhanden. ■ Las Canteras, Calle Portugal 68, Tel. 928 22 40 62, www.exehotels.com/exe-las-canteras.html

€€ | **La Casa de Vegueta** Das sehr persönlich geführte und edel eingerichtete Bed & Breakfast in der Altstadt verfügt über nur drei Zimmer (ohne TV!) rund um einen ruhigen Innenhof. Insbesondere Paare fühlen sich hier wohl. ■ Vegueta, Calle Pedro Díaz 5, Tel. 696 46 89 82, www.lacasade vegueta.com

€€ | **NH Imperial Playa** Modernes Hotel mit dem typischen Standard der Vier-Sterne-Kategorie, direkt an der Strandpromenade. Ruhige Zimmer mit Balkon, die beste Aussicht haben die größeren Superior-Zimmer. ■ Las Canteras, Calle Ferreras 1, Tel. 928 46 88 54, www.nh-hoteles.de

€€ | **The Loft Las Palmas** Drei großzügige, modern dekorierte Lofts für je zwei Personen wurden in einem alten Stadthaus eingerichtet, alle komfortabel und mit kompletter Küche versehen, die beiden oberen mit Balkon zur Fußgängerzone. Eine Dachterrasse lädt zum Sonnenbaden ein. ■ Triana, Calle Torres 17, Tel. 618 03 77 44, www.theloftlaspalmas.com

€€€ | **Reina Isabel** Klassiker an der Promenade, mit jedem erdenklichen Komfort und geräumigen Zimmern ausgestattet. Unbedingt Meerblick buchen! Pool und Wellnessbereich auf dem Dach. Am Strand stehen Liegen und Sonnenschirme für die Hotelgäste bereit. ■ Las Canteras, Calle Alfredo L. Jones 40, Tel. 928 26 01 00, www.bullhotels.com

⑧ €€€ | **Santa Catalina** Viel Flair strahlt das bereits im Jahr 1890 erbaute Nobelhotel aus. Außen im kanarischen Stil mit Holzbalkonen gehalten, wurde es im Inneren mit Antiquitäten, Kronleuchtern und Marmorfußböden wie ein Schloss eingerichtet. Das Restaurant La Terraza serviert erlesene Speisen. Die Zimmer und Suiten gewähren entweder Meerblick oder weisen auf den Parque Doramas. ■ Ciudad Jardín, Calle León y Castillo 227, Tel. 928 24 30 40, www.hotelsantacatalina.com

Arucas

€€ | **La Hacienda del Buen Suceso** In diesem sorgfältig restaurierten alten Gutshaus entstanden 13 Zimmer und fünf Juniorsuiten. Alle wurden mit schrägen Holzdecken und Himmelbetten rustikal gestaltet. Ein Restaurant mit Außenterrasse und traditioneller Küche gehört ebenso dazu wie Swimmingpool, Wellnessbereich und Fitnessstudio. In unmittelbarer Nachbarschaft des Jardín de la Marquesa. ■ Ctra. Bañaderos (GC-330), Km 1, Tel. 928 62 29 45, www.haciendabuen suceso.com

Santa Brígida

€ | **Santa Brígida** Die örtliche Hotelfachschule betreibt das in einem üppigen Palmengarten gelegene Haus in der Villengegend Monte Lentiscal. Auf die Gäste warten geräumige, nett dekorierte Zimmer, ein Pool, ein Spabereich mit Sauna sowie ein Lokal mit regionaler Küche. Buchbar über Veranstalter und Internetportale. ■ Calle Real de Coello 2, Tel. 928 47 84 00, www.hecansa.com

€€ | **Bandama Golf** Nicht nur Golfer wissen die ruhige Lage des mit 33 Zimmern überschaubar großen Hotels beim Real Club de Golf zu schätzen. Mit Pool, Sonnenterrasse und Gratisparkplatz. ■ Lugar Campo de Golf 14, Tel. 928 35 15 38, www.bandama golfhotel.com

Die Südküste von Gran Canaria

Im sonnensicheren, mit Dünenstränden und Felsbadebuchten ausgestatteten Inselsüden liegen die wichtigsten Ferienorte

ADAC Top Tipps:

5 Dunas de Maspalomas
| Sanddünen |

Hinter dem Strand von Maspalomas erstreckt sich ein riesiges, naturbelassenes Dünenfeld, das durch den Wind ständig in Bewegung gehalten wird. Nebenan liegt ein Palmenhain. 120

6 Puerto de Mogán
| Hafenort |

Das Vorzeigedorf Gran Canarias wurde am Reißbrett entworfen. Durchzogen von Wasserkanälen, gilt es als malerisches »Klein-Venedig«. Der zugehörige Jachthafen zieht Flaneure an. 127

ADAC Empfehlungen:

9 Barranco de Guayadeque
| Schlucht |

Zwei seit prähistorischer Zeit bewohnte Höhlendörfer sind die großen Attraktionen des lang gestreckten, von Felswänden gesäumten Tals. 105

10 Tagoror, Barranco de Guayadeque
| Restaurant |

Eine einzigartige Atmosphäre bietet dieses Höhlenrestaurant. Die Küche

Ingenio und Agüimes bestechen durch ihre Altstädte, im Barranco de Guayadeque sind Höhlendörfer noch bewohnt. Die Küstenorte Arinaga, Pozo Izquierdo und Arguineguín bewahrten viel Ursprünglichkeit. Wichtige Urlaubersiedlungen sind Bahía Feliz, Maspalomas-Costa Canaria mit dem berühmten Dünenstrand Playa del Inglés, Puerto Rico und Puerto de Mogán.

In diesem Kapitel:

ist auf authentische kanarische Gerichte spezialisiert. 105

Mirador Tropical, Playa del Inglés
| Aussichtspunkt |

Weit schweift der Blick vom Mirador an der Küste über die Playa del Inglés zu den Dünen von Maspalomas. 114

Tienda de Artesanía (Fedac), Playa del Inglés
| Kunsthandwerk |

Der Laden im Tourismusbüro von Maspalomas-Costa Canaria verkauft kanarisches Kunsthandwerk. 116

Cofradía de Pescadores, Arguineguín
| Restaurant |

Die Fischereigenossenschaft von Arguineguín betreibt dieses für seine gute Fisch- und Meeresfrüchteküche bekannte Lokal. Beliebteste Beilage: »papas arrugadas«. 124

Cordial Mogán Playa, Puerto de Mogán
| Architektur |

Die moderne kanarische Architektur des Komforthotels beflügelt die Fantasie. Im großen Innenhof erstreckt sich ein Pool unter Palmen. 131

7 Ingenio

Früher ein bedeutendes Zentrum der Zuckerproduktion mit schöner Altstadt

ℹ️ **Information**

◼ Oficina de Información Turística, Calle Ramón y Cajal 1, 35250 Ingenio, Tel. 928 78 37 99

Der Ortsname bedeutet »Zuckerfabrik«. Im 15. und 16. Jh. wurde ringsum Zuckerrohr gepflanzt und in der Stadt weiterverarbeitet. Die Konkurrenz aus Südamerika führte zu einem Niedergang der Zuckerproduktion. Seither ist Ingenio vorwiegend für sein Kunsthandwerk berühmt, speziell für Stickereien. In der Altstadt scheint die Zeit stehengeblieben zu sein.

Ihr Herz schlägt an der geräumigen Plaza de la Candelaria, an deren Nordrand sich die mächtige, klassizistische Pfarrkirche Nuestra Señora de la Candelaria erhebt. Am Platz ist ein Terras-sencafé der allgemeine Treffpunkt. Nach einer verdienten Rast bietet sich ein Bummel durch die angrenzenden Gassen an. Wer anschließend zum Barranco de Guayadeque fährt, genießt unterwegs den schönsten Blick auf die Nachbarstadt Agüimes (S. 106).

Entlang der Calle Guayadeque zeigt ein frei zugänglicher Endemitengarten Pflanzen, die ausschließlich auf Gran Canaria heimisch sind. Die örtliche Restauratorenschule schuf hier ein Fliesenrelief, das an Günther Kunkel (1928–2007) erinnert, einen deutschen Botaniker, der sich gemeinsam mit seiner Frau Mary Anne der Erforschung der Kanarenflora widmete.

Sehenswert

Museo de Piedra y Artesanía Canaria
| Museum |

Das skurrile Privatmuseum zeigt neben einer Steinesammlung eine Kapelle voller Heiligenfiguren und eine

Die Pfarrkirche Nuestra Señora de la Candelaria markiert das Zentrum von Ingenio

ganzjährig aufgebaute, riesige Krippe. Außerdem werden die Stickereien aus dem Ort thematisiert und hier ebenso zum Kauf angeboten wie eine Reihe von Keramikartikeln.

■ Camino Real de Gando 1, Mo–Sa 10– 18 Uhr, Eintritt frei, Krippe 1 €

P Parken

In der Altstadt von Ingenio stehen die Chancen gut, eine Gratis-Parklücke in einer der an die Plaza de la Candelaria grenzenden Straßen zu finden, etwa in der Calle Dr. Juan Espino Sánchez oder der Calle Dr. David Ramírez.

8 Barranco de Guayadeque

 Landschaftlich eindrucksvolle Schlucht mit zwei Höhlendörfern

Im Barranco de Guayadeque befand sich einer der Siedlungsschwerpunkte der Ureinwohner. Wegen der zahlreichen Funde wurde die Schlucht zum Archäologischen Park erklärt. Den Beginn des Barranco markiert das Museo de Guayadeque. Dann treten die kargen, bis zu 400 m hohen Felshänge des Barranco dichter zusammen. Wolfsmilchgebüsch, Feigenkakteen und Eukalyptusbäume prägen das Bild.

Bald kommt das Höhlendorf Cuevas Bermejas in Sicht. In einen Steilhang aus rötlichem Tuffgestein gruben hier schon die Altkanarier etliche Höhlen, von denen viele bis heute bewohnt sind. Treppenwege führen durch die Siedlung und zur Höhlenkapelle Ermita de Guayadeque. Altar, Taufbecken und Kanzel wurden, wie auch beim Mobiliar der Wohnungen üblich, aus dem weichen Fels herausmodelliert.

Außerdem sind eine Höhlenbar und ein Höhlenrestaurant vorhanden.

Auf der Weiterfahrt fallen Bienenstöcke auf. Imker nutzen hier die Mandelblüte für die Produktion von aromatischem Honig. Für eine Rast bietet sich ein Picknickplatz an. Dann erweitert sich das Tal, und etwa 7 km nach dem Museum ist das zweite Höhlendorf Montaña de las Tierras mit dem Restaurant Tagoror (s.u.) erreicht, das in einen stumpfkegelförmigen Berg mitten in der Schlucht gegraben wurde. Die Straße endet hier.

Sehenswert

Museo de Guayadeque
| Museum |

Das Informationszentrum weist nach vorne eine dunkle Natursteinfassade auf, hinten ist es wie die altkanarischen Höhlenwohnungen in den Fels hineingebaut. Eine Ausstellung informiert über Aspekte der Flora, Fauna, Geologie und Archäologie.

■ Ctra. Barranco de Guayadeque, Km 2,5, Di–Sa 9–17, So 10–15 Uhr, 2,50 €, erm. 1,50 €

Restaurants

 €€ | **Tagoror** Ein ganz besonderes Erlebnis ist die Einkehr in diesem urigen Höhlenrestaurant. Wahlweise sitzt man auch auf der großen Terrasse mit Blick in die Schlucht, in jedem Fall aber auf dreibeinigen Hockern an massiven Holztischen. Aus der Küche kommen deftige kanarische Gerichte. Tagsüber kehren viele Ausflügler hier ein, in den Abendstunden geht es dann ruhiger zu. ■ Montaña de las Tierras 21, Tel. 928 17 20 13, www.restaurantetagoror. com, So–Do 10–24, Fr, Sa 10–1 Uhr

9 Agüimes

Die ehemalige Bischofsstadt glänzt mit ihrem herausgeputzten Zentrum

ℹ Information

■ Oficina de Información Turística, Plaza de San Antón, 35260 Agüimes, Tel. 928 78 99 80, www.aguimes.es

Bis ins 19. Jh. war Agüimes in Konkurrenz zu Las Palmas Bischofssitz. Danach versank es in einen Dornröschenschlaf. Geradezu museal wirkt heute die komplett restaurierte Altstadt. Weiß, ockerfarben oder rosa gestrichene Häuser reihen sich entlang der gepflasterten Gassen.

Lebendiger Mittelpunkt ist die Plaza del Rosario vor der Hauptkirche San Sebastián. Um den schattigen Platz scharen sich Cafés und Bars. Ein weiterer Ort zum Ausruhen ist die lauschige Plaza de San Antón, an der zwei gemütliche Tascas zur Einkehr einladen. Überall im Stadtgebiet verteilen sich moderne Skulpturen, meist von gran-

ADAC *Wussten Sie schon?*

Gofio steht heute auf fast jedem Hotelbuffet, wird aber oftmals misstrauisch beäugt. Bei dem feinen, bräunlichen Pulver handelt es sich um geröstetes und dann erst gemahlenes Getreide. Den Ureinwohnern diente es als Grundnahrungsmittel, Brot war unbekannt. Jetzt kommt Gofio auf den Kanaren wieder zu Ehren. Zum Backen eignet sich die Substanz nicht. Stattdessen wird sie in flüssige Speisen eingerührt, etwa den Frühstücksbrei oder die Suppe.

canarischen Künstlern geschaffen. Mit diesem Projekt hat die Gemeinde ein Freilichtmuseum der besonderen Art ins Leben gerufen.

👁 Sehenswert

Iglesia San Sebastián
| Kirche |

Die Hauptkirche von Agüimes und ehemalige Kathedrale gefällt durch ihre elegante, klassizistische Bauweise. Sie wurde in ihrer heutigen Form Ende des 18. Jh. errichtet und bis 1940 weiter ausgebaut. Mit ihren zwei dunklen Türmen und der weißen Kuppel über dem Mittelschiff beherrscht sie die Altstadt. Im Innenraum sind drei Heiligenfiguren des Barockbildhauers Luján Pérez zu bewundern.

■ Plaza del Rosario, Di–So 9–12.30, 17–19 Uhr

Museo de Historia
| Museum |

Wer an der Stadtgeschichte Interessiert ist erfährt hier alles Wissenswerte über die fünf Jahrhunderte von der Conquista bis zur Mitte des 20. Jh. Das Museum logiert in einem Gebäude, das der Familie des letzten Bischofs von Agüimes, Manuel José Verdugo, gehörte.

■ Calle Juan Alvarado y Saz 42, Di–So 9–17 Uhr, 2,50 €, erm. 1 €

Parken

Man orientiert sich besser nicht an der Beschilderung »Casco Historico«, sondern hält sich Richtung Guayadeque. Die schmale GC-103 umgeht die Altstadt im Norden, über sie erreicht man den kostenfreien Parkplatz beim Teatro Auditorio am Westrand der Stadt (150 m zu Fuß zur Plaza del Rosario).

Über den engen Gassen der Altstadt von Agüimes thront die Iglesia San Sebastian

👫 Kinder

Cocodrilo Park Die namengebenden Krokodile sind regelmäßig um 13 Uhr in einer tiergerecht gestalteten Show zu erleben, Affen werden um 12 und 16 Uhr gefüttert. Auch zahlreiche Vögel und Reptilien wie Riesenschildkröten oder Schlangen leben hier. Der Zoo dient als Auffangstation für exotische Tiere, die von überforderten Haltern ausgesetzt oder abgegeben wurden. So wurden erst kürzlich zwei Strauße von einer Privat-Finca geholt. Gratis-Zubringerbus Mo ab Puerto de Mogán, Di, Do, So ab Maspalomas (Infos auf der Website). Ctra. General Los Corralillos, Km 5,5, www.cocodrilopark zoo.com, Mo–Fr, So 10–17 Uhr, 9,90 €, erm. 6,90 €

🎈 Events

Fiestas Patronales Zu Ehren der Rosenkranzmadonna zieht um den 7. Oktober ein Pilgerzug mit ca. 20 Festwagen und Tausenden Trachtentänzern durch die Straßen. Die Festlichkeiten beginnen schon im September mit der »Subida del Millo«, einem Umzug, der frisch geerntete Maiskolben auf Eselskarren zu zwei alten Gofio-Mühlen bringt, wo sie auf traditionelle Art verarbeitet oder gleich frisch geröstet verspeist werden. ■ www.aguimes.es

10 Arinaga

Umtriebiger Küstenort, in dem Einheimische gerne baden und Fisch essen

Touristen verschlägt es eher selten hierher. Schade eigentlich, denn die Atmosphäre ist locker und heiter. Am meerwärtigen, verkehrsberuhigten Abschnitt der breiten Avenida Polizón sitzen die pensionierten Fischer auf Bänken und tauschen sich über die alten Zeiten aus. Währenddessen vergnügen sich die Frauen mit Kartenspiel auf den Terrassen ihrer Häuser. Wenige Schritte weiter baden am schmalen Kiesstreifen in der recht geschützten Bucht die jungen Familien am Feierabend und an den Wochenenden. Oder sie lassen sich in den Restaurants an der 4 km langen Strandpromenade Fisch und Meeresfrüchte schmecken. Professionell gefischt wird von Arinaga aus jedoch nicht mehr.

Ca. 2 km nördlich von Arinaga lockt die feinsandige Playa del Cabrón. Der Puerto Nuevo südlich des Ortes dient als Frachthafen für die Industrieanlagen, die sich landeinwärts ausdehnen.

 Parken

In Arinaga parkt man unproblematisch und gratis entlang der Einfallstraße Avenida Polizón oder auf dem geräumigen Parkplatz vor der Iglesia de Playa de Arinaga (Avda. Polizón; ca. 150 m zur Strandpromenade).

 Restaurants

€ | **Miramar Playa** Angenehmes Ambiente an der Promenade. Die einheimischen Gäste kommen v. a. wegen der unverfälschten kanarischen Küche. ■ Avda. de los Pescadores, Tel. 928 50 75 87, tgl. 6–0.30 Uhr

€€ | **Hornos de la Cal** Schöne, ruhige Terrasse direkt über dem Meer. Gilt, da am Ortsrand gelegen, quasi noch als Geheimtipp. Ordentliche Fischgerichte. ■ Calle López de Orduña 50, Tel. 928 73 80 81, Di–Sa 11–22, So 11–17 Uhr

€€ | **La Fragata** Äußerlich eher unscheinbar, bietet dieses Lokal astreine Meeresfrüchteküche. Beachtlich etwa »lapas« (Napfschnecken) mit grünem Mojo, frittierte »calamares« oder die Paella. ■ Avda. Polizón 67, Tel. 928 96 29 78, Mi–Mo 12–24 Uhr

 Sport

Davy Jones Diving Beinahe vor der Haustür des englischsprachigen PADI-Tauchzentrums erstreckt sich das unter Naturschutz gestellte Riff El Cabrón. Rund 400 Fischarten leben dort. Auch Schnorcheln wird angeboten (Exkursionen, Verleih). ■ Calle Luis Velasco 39, Tel. 699 72 15 84, www.davyjonesdiving.com

Die Playa del Cabrón bei Arinaga ist vor allem bei Einheimischen sehr beliebt

Events

La Vará del Pesca'o Früher kündigten die Fischer ihre Heimkehr mit dem Fang an, indem sie in Muschelhörner bliesen. Am letzten Freitag im August greift man in Arinaga diese Tradition wieder auf. 1200 kg Sardinen spendet die Gemeinde zu diesem Zweck. Rund 20 Boote begeben sich mit dieser Fracht ab 18 Uhr auf eine Meeresprozession, anschließend wird der Fisch an die Festteilnehmer verteilt. Zum Abschluss gibt es ein großes Feuerwerk.

11 Pozo Izquierdo

Dem Passatwind ausgesetzte Strand-siedlung für Surfer

Hier weht meist eine steife Brise, die nicht nur Surfer und Wellenreiter erfreut, sondern auch zahlreiche Windräder in Bewegung setzt. Ein junges, legeres Publikum bevölkert den Ort. Pozo Izquierdo hat sich ein Ambiente bewahrt, das älteren Besuchern noch aus den Anfängen des Kanarentourismus bekannt vorkommen mag. Man wohnt in einfachen Apartments, Tür an Tür mit den Einheimischen. Diese haben die Flussmündung zwischen den eng stehenden Häusern in eine breite Plaza verwandelt, auf der die Kinder Ball spielen oder mit dem Fahrrad herumkurven. Die Anwohner sitzen auf ihren Terrassen, an denen der fast schon obligatorische Käfig mit dem Kanarienvogel hängt, und schauen dem munteren Treiben zu. Treppengassen führen zum schmalen Kiesstrand hinab. Gegen Abend wird die kurze Hafenmole zum allgemeinen Treffpunkt, wo man die letzten Sonnenstrahlen genießt, bevor dann

Pozo Izquierdo ist Gran Canarias Hochburg der Surfer und Wellenreiter

– wie überall in dieser Breitenlage – recht plötzlich die Dunkelheit einsetzt.

Restaurants

€ | Bar Pozo Einfaches Lokal an der Plaza, mit windgeschützter Terrasse und fast immer gut besucht. Auf den Tisch kommt eine inseltypische Küche. ■ Barranquillo Pozo Izquierdo 4, Tel. 928 12 10 81, Di–So 13–1 Uhr

Sport

Pozo Winds Neben dem Windsurfing als der hiesigen Sportart schlechthin werden auch Kitesurfing, Wellenreiten und SUP angeboten. Verleih und Schulung. ■ Avda. Las Bajas 73, Tel. 928 15 50 09, www.pozowinds.com

Entlang der Uferpromenade von Pozo Izquierdo erstreckt sich der Badestrand

12 Bahía Feliz

Kleine Urlaubersiedlung mit familienfreundlichen Hotels

Der überschaubare Ferienort besteht aus nur wenigen, gerne von Surfern und jungen Familien gebuchten Hotels und Apartmentanlagen. Außerhalb dieser Unterkünfte beschränkt sich das gesellschaftliche Leben auf ein paar Lokale an einem Einkaufszentrum. Mit der Playa de Tarajalillo gibt es einen weitläufigen Kiesstrand am Ostrand von Bahía Feliz, in der Nähe des Flugfeldes El Berriel. Zum Baden eignet er sich nur bedingt, Aufsicht und Infrastruktur sind nicht vorhanden. Zentraler vor dem Hotel Orquidea liegt eine kleinere Playa mit Surfstation und einem Strandlokal (»chiringuito«). Richtung Südwesten läuft die Bebauung in einem schmalen Streifen hinter der kiesig-felsigen Küste aus. Dort findet sich ein parkartiges Gelände, in dem man unter Palmen rasten kann, mit Blick auf die Meerespromenade, auf der Jogger gerne ihre Runden drehen.

Kinder

Gran Karting Club Die größte Kartbahn auf Gran Canaria. Kinder unter 140 cm Größe fahren mit dem Babykart auf einer kürzeren Strecke, für alle anderen geht es auf die Hauptpiste. Im normalen Kart 18 €, im rasanteren Superkart 25 €, jeweils 8 Min. ■ Ctra. General del Sur, Km 46, tgl. 11–22 Uhr

Sioux City Park Der Wilde Westen wird hier lebendig. Ursprünglich wurde das Dorf als Filmkulisse errichtet. Cowboys, Mexikaner und Indianer geben sich ein Stelldichein. Auf Weiden grasen Bisons und Longhornrinder. Auf dem Programm stehen verschiedene Shows, Tanz im Saloon zu Countrymusik, Gelegenheit zum Pferde- oder Ponyritt, und es gibt ein amerikanisches Burgerrestaurant. Gratis-Zubringerbus ab Puerto de Mogán/Puerto Rico/Costa Canaria (Zeiten auf der Website). ■ Barranco del Águila, www.siouxcitypark.es, Di–So 10–16 Uhr, 21,90 €, erm. 15,90 €

Erlebnisse

Helidream Bei einem Helikopterflug erschließt sich der Abwechslungsreichtum der Landschaft Gran Canarias. Im Angebot sind Touren unterschiedlicher Länge. Auf der acht- bis neunminütigen Exkursion nimmt man den Leuchtturm und die Dünen von Maspalomas in Augenschein. ■ Aeródromo

El Berriel, www.grancanaria.helidreamhe
licopters.com, 8-Min.-Tour ca. 100 €/Pers.

Sport

Fanatic Die Surfstation am Strand
beim Hotel Orquidea bietet Windsur-
fen, Wellenreiten, SUP und Seekajak-
fahren an. Entspannte Atmosphäre,
Schulung u.a. in Deutsch. ■ Avda. de
Windsurf, Tel. 633 04 24 48, www.fbcgran
canaria.com

In der Umgebung

Castillo del Romeral
| Fischerdorf |
In dem urigen Küstenort schnuppert
man noch das Gran Canaria von anno
dazumal. Im kleinen Hafen liegen ein
paar Fischerboote. Vor den Passatwel-
len durch die Kaimauer geschützt, baden hier am Wochenende die Frauen
und Kinder, während die Männer Angeln ins Wasser halten. Die örtliche
Fischergenossenschaft betreibt ne-

benan ein Restaurant. Der Paseo de las
Salinas führt an einstöckigen Fischerhäusern vorbei ostwärts hinter dem
staubigen Strand entlang. Dort befindet sich eine weitere attraktive Bade-
stelle: durch ein Felsriff geschützte
breite Naturbecken mit Betonliegeflä-
chen und Treppeneinstiegen ins Meer.
■ 8 km östl. von Bahía Feliz

Finca Condal
| Gutshaus |
Im historischen Anwesen der Grafen
von Vega Grande thematisiert eine
Ausstellung die Inselgeschichte und die
Rolle der Grafenfamilie, deren Grund-
besitz die Costa Canaria umfasste und
die großen Anteil zunächst an der ag-
rarischen, später auch an der touristi-
schen Entwicklung hatte. Zu besichtigen sind außerdem die Hauskapelle,
der Weinkeller und der schöne Garten.
■ Juan Grande, Ctra. GC-500, Km 2,2,
6 km östl. von Bahía Feliz, www.fincacon
dal.com, Di, Do, Sa 10.30–13.30 Uhr, 10 €
(inkl. Weinprobe)

Im Sioux City Park wird humorvoll die Geschichte des Wilden Westens nacherzählt

13 Maspalomas & Costa Canaria

Größter Ferienort der Insel mit der Playa del Inglés

Der Faro de Maspalomas: eine unübersehbare Landmarke an der Südspitze der Insel

ℹ Information

■ Patronato de Turismo, Avda. de España/Avda. de los Estados Unidos (Centro Comercial Yumbo), 35100 Playa del Inglés, Tel. 928 77 15 50, www.gran canaria.com

■ Oficina de Turismo Anexo II, Paseo Marítimo (Centro Comercial Anexo II), 35100 Playa del Inglés, Tel. 928 76 84 09, www.maspalomas.com

■ Oficina de Turismo El Portón, Centro Comercial El Portón, 35100 San Agustín, Tel. 928 76 92 62, www.mas palomas.com

■ Parken: S. 113, 116, 121

Die Urlauberstadt glänzt mit einer der attraktivsten Strandlandschaften der Kanarischen Inseln. An die goldsandige Playa del Inglés schließt das riesige Dünengebiet von Maspalomas mit Zugvogellagune und Palmenoase an. In den Unterkünften finden bis zu 180 000 Touristen Platz. Nachdem 1957 der erste Charterflug aus Schweden auf Gran Canaria gelandet war, wurde schon bald die zuvor fast menschenleere Südspitze der Insel erschlossen. 1962 gewann eine französische Firma den von der Großgrundbesitzerfamilie Castillo ausgelobten Planungswettbewerb und teilte die Küste zwischen

Plan
S. 115

San Agustín

*Ruhiger Ferienort für ein eher
gesetztes Publikum*

Viele Apartmenthäuser und ein paar Hotels prägen San Agustín. Hier spielt sich alles am Strand und der Promenade ab. Die namengebende Playa de San Agustín ist sehr gepflegt und vom Autoverkehr unberührt. Unmittelbar hinter ihr reihen sich Apartmentanlagen. In den frühen Morgenstunden lässt es sich sehr angenehm auf Bänken an der Strandpromenade sitzen und den ersten Badenden zuschauen, die sich in die anrollenden Wellen stürzen. Andere Feriengäste nutzen diese kühlere Tageszeit für einen ausgiebigen Strandspaziergang oder zum Joggen. Westlich grenzt die Playa de las Burras an San Agustín. An der flachen Felsküste zwischen den beiden Stränden kann man an einem Mirador die Zeit mit Blick auf die Playa del Inglés und die Dünen von Maspalomas verträumen.

 Parken

Hinter der Playa de San Agustín parkt man in der Calle las Acacias (blaue Zone), der Calle los Jazmines (gratis) und auf dem geräumigen Gratisparkplatz im Flussbett an der Calle Aulagas (bis 2,20 m Höhe). Das Areal hinter der Playa de las Burras ist überall als blaue Zone ausgewiesen (ab 0,45 €/Std.).

 Cafés

Terraza San Agustín Am Westrand der Playa de las Burras markiert das ge-

San Agustín und der Oase von Maspalomas in Parzellen auf, die zügig bebaut wurden. Zunächst zog es v.a. deutsche und skandinavische Investoren an die Costa Canaria, wovon Straßennamen wie Avenida del Touroperador TUI oder Avenida Tjaereborg zeugen. Ein ganzer Ortsteil heißt gar offiziell Sonnenland. Später übernahmen spanische Hotelketten die Führung beim weiteren Ausbau, der inzwischen stark eingeschränkt wurde und sich zuletzt auf Renovierungen vorhandener Häuser sowie auf Luxushotels in der jüngeren Urbanisation Meloneras konzentrierte.

mütliche Terrassenlokal die Grenze zu Playa del Inglés. Gut für Kaffee oder Eis, aber auch für ein Bier oder einen Cocktail. ■ Playa de las Burras, tgl. 9–21 Uhr, Plan S. 115 östl. d2

Sport

Nautico Älteste Tauchschule der Kanaren, seit über 40 Jahren im Geschäft und derzeit unter der Leitung von Mareike. Mit dem Tauchschulwagen geht es zu den besten Spots. ■ Calle Los Jazmines 2, Tel. 620 94 77 53, www.diving center-nautico.com, Plan S. 115 östl. d1

Entspannung

Thalasso Gloria Eines der modernsten und größten Spas Europas lädt zum Relaxen in Pools mit verschieden temperiertem Meerwasser und 34 Hydromassagestationen ein. Mit Gratis-Miniclub. ■ Calle las Margaritas, www.gloria palaceth.com, tgl. 10–21 Uhr, Zirkelbad 24 €, Sauna 13 €, Plan S. 115 nordöstl. d1

ADAC *Mobil*

Die Inselbusgesellschaft GLOBAL (www.guaguasglobal.com) unterhält in Maspalomas-Costa Canaria zwei **Busbahnhöfe**: Estación Parque Tropical (Avda. de Madrid, am Ostrand von Playa del Inglés in Strandnähe beim Shopping Center Tropical) und Estación Faro de Maspalomas (Avda. Cristóbal Colón, 300 m zum Leuchtturm und Strand). An vielen weiteren Haltestellen kann man in Busse u. a. nach Las Palmas und Puerto de Mogán zusteigen. Innerhalb von Playa del Inglés übernehmen die GLOBAL-Busse die Stadtbusfunktion.

Playa del Inglés

Quirligstes Urlaubsparadies Gran Canarias mit hellsandigem Strand

Die für den Ferienort namengebende, wunderschöne Playa präsentiert sich allen Vorurteilen zum Trotz fast naturbelassen. Den eigentlichen Strandbereich säumen Klippen, Palmen und ein Tamariskengebüsch, in dem die Vögel zwitschern. Auf der Anhöhe über dem Strand verläuft eine Promenade. Dahinter verteilen sich, vom Meer her beinahe unsichtbar, Apartmenthäuser und Hotels. Hier scheiden sich die Geister. Manche halten Playa del Inglés für einen fürchterlichen, auf dem Reißbrett geplanten Moloch. Andere lieben die vielfältigen Möglichkeiten zur Zerstreuung. Den fehlenden historischen Kern ersetzen »Centros Comerciales«, Einkaufszentren, in denen es außer Geschäften v. a. auch Restaurants, Kneipen und Diskotheken gibt. Mehr als 20 davon verteilen sich über den Ort und die westlich benachbarte Golf- und Villensiedlung Campo Internacional. Die bekanntesten Malls heißen Yumbo (Avda. Estados Unidos 54, www.cc-yumbo.com), wo sich gerne die in Playa del Inglés stark vertretene Schwulenszene trifft, und Kasbah (Avda. Sargentos Provisionales 7), wo am Abend im Innenhof das Tanzbein geschwungen wird.

Sehenswert

1 **Mirador Tropical**
| Aussichtspunkt |

 Weit schweift der Blick vom Plateau über den Klippen

Die beste Sicht auf die Playa del Inglés mit den Dünen von Maspalomas hat man von diesem hoch über dem

Strand gelegenen Mirador, dessen Markenzeichen das blaue Fernrohr an der Promenade ist. Wer die Aussicht bei einer Tasse Kaffee in Ruhe genießen möchte, kann dies eine Treppe tiefer von den Cafés am Centro Comercial Tropical tun.

■ Calle el Escorial

❷ San Fernando
| Dorfkern |

Wer so etwas wie einen historischen Kern sucht, wird im Ortsteil San Fernando fündig. Dort reihen sich entlang der Calle Alcalde Marcial Franco die wenigen noch aus der vortouristischen Zeit erhaltenen Bauten von Maspalomas, darunter die Casa Condal. Das zweistöckige, altrosafarbene Herrenhaus besitzt kleine, vergitterte Fenster im Parterre und eine Beletage im Hauptgeschoss. Die Grafenfamilie

Castillo nutzte es nur für Stippvisiten, ihre eigentliche Residenz befand sich in Juan Grande (S. 111).

Seitlich ist die Ermita de San Fernando el Chico angebaut, eine Privatkapelle mit Glockengiebel (18. Jh.), in der die sonntägliche Messe für die Landarbeiter der Grafen gelesen wurde. Einige Schritte weiter diente der Alpendre del Amo (Haus Nr. 3) als Stall und Kornspeicher. In Zukunft soll er in ein Kulturzentrum verwandelt werden.

Ansonsten bietet San Fernando all das, was das quirlige Playa del Inglés ansonsten nicht hat, nämlich eine gewisse Normalität. In den modernen Wohnblöcken leben die Angestellten der Hotels und Restaurants. Man findet mehrere große Supermärkte und weitere Geschäfte für den täglichen Bedarf. Ein besonderes Flair sollte man allerdings nicht erwarten.

Parken

In Playa del Inglés sind überall blaue Zonen markiert (S. 172), in denen man zwar nachts (meist zwischen 21 und 10 Uhr) gratis parken kann. Doch muss man dann morgens rechtzeitig wegfahren oder ein Parkticket lösen. Wer hier wohnt, geht insbesondere im Sommer besser zu Fuß zum Strand bzw. benutzt den Linienbus oder Hotelshuttle. Auswärtige Besucher können auch den großen strandnahen Parkplatz beim Einkaufszentrum Anexo II (Calle Las Dunas/Avda Alf. Provisionales) ansteuern (0,66 €/Std.).

 Restaurants

€€ | **Allende 22°** Mediterrane Küche mit exotischem Touch, angenehme Atmosphäre, viele einheimische Gäste. ■ Avda. de Tirajana 36, Tel. 928 76 00 49, www.allenderestauracion.com, tgl. 12–24 Uhr, Plan S. 115 c2

€€€ | **Calma Chicha** Wenn es mal etwas Besonderes sein soll. Zeitgemäße spanische Küche in einem freundlichen, ungezwungenen Ambiente. ■ Avda. de Tirajana 4, Tel. 928 76 07 14, www.restaurantecalmachicha.com, Mo–Sa 19.30–24 Uhr, Plan S. 115 c3

 Cafés

Café Wien Gute Adresse für hausgefertigte Konditorwaren. Mittags gibt es Wiener Würstchen. Schattige Terrasse. ■ Avda. de Francia, Tel. 928 76 03 80, Mo–Sa 9–19, So 13–19 Uhr, Plan S. 115 c2

 Einkaufen

⑫ **Tienda de Artesanía (Fedac)** Traditionelles wie auch modernes Kunsthandwerk von Gran Canaria: Flechtwerk, Keramik, Lederwaren und die wertvollen kanarischen Messer. Alle Produkte tragen ein Gütesiegel, das einheimische Handarbeit garantiert.

Highlight des Spaß- und Erlebnisbades Aqualand sind die mehr als 30 Wasserrutschen

Offizieller Laden der Kunsthandwerkerorganisation Fedac, dem Patronato de Turismo (S. 112) angeschlossen. ■ Avda. de España/Avda. de los Estados Unidos, www.fedac.org, Mo–Fr 9.30–13.30, 16.30–20 Uhr, Plan S. 115 c2

Kneipen, Bars und Clubs

Atelier Feine Dachterrassenbar mit Lounge-Sofas und großartigem Panoramablick über den Ort. Auch die Cocktails sind nicht zu verachten. ■ Avda. Estados Unidos 28, So–Do 12–24, Fr, Sa 12–1 Uhr, Plan S. 115 c2

Tipsy Hammock Bar In der legeren Cocktailbar tanzt man zu DJ-Musik von House bis Electro. Oft auch Live-Events, etwa Jazz. ■ Paseo Costa Canaria 24, tgl. 11–2 Uhr, Plan S. 115 d2

Kinder

Aqualand Maspalomas Zu den Attraktionen des Wasservergnügungsparks zählen superschnelle, fantasievoll gestaltete Rutschen, eine Abenteuerwelt speziell für Kinder, ein riesiges Wellenbad und – gegen eine Extragebühr – die schöne Möglichkeit, mit Seelöwen zu schwimmen. ■ Ctra. Palmitos Park, Km 3, Tel. 928 14 05 25, www.aqualand.es,

Der Vergnügungspark Holiday World verspricht Spaß für die ganze Familie

Juli/Aug. tgl. 10–18, sonst bis 17 Uhr, 28 €, erm. 19 €, Plan S. 115 nördl. a1

Holiday World Hier ist das ganze Jahr über Kirmes – mit Riesenrad, Achterbahn und vielen weiteren Fahrgeräten. Für Kinder aller Altersstufen gibt es Angebote vom Minizug über Ponyrei-

ADAC *Mittendrin*

FKK wird in Maspalomas groß geschrieben. Vom Einkaufszentrum Anexo II sind es entlang der Playa del Inglés etwa 800 m Richtung Süden bis zur textilfreien Zone, die in der Nähe der Strandbude 8 beginnt. Zwei Kilometer weit kann man von hier aus nackt am Strand weiterwandern. Bei Strandbude 7 treffen sich die homosexuellen FKK-Fans. Eine offizielle Nudistenzone liegt bei Strandbude 4, einige hundert Meter östlich des Leuchtturms von Maspalomas. Auch in die Dünen führen Wege für Nudisten. Ganz jugendfrei ist dieser Bereich nicht und daher für Familien weniger zu empfehlen. Am Hotelpool ist zwar »oben ohne« verbreitet, nicht aber hüllenloses Sonnenbaden. Etliche Hotels verfügen allerdings über FKK-Dachterrassen.

Surfer finden auf Gran Canaria ganzjährig gute Bedingungen vor

ten, Wasserpiste und Piratenschiff bis zum Formel-1-Simulator. Eintritt wird nicht verlangt, dafür sind die einzelnen Attraktionen kostenpflichtig (Punkte-karten ab 5 €). Mindest-Körpergröße: 80 cm. Kleineren Kindern steht ein

ADAC *Spartipp*

Auf den Kanarischen Inseln wird nicht die spanische **Mehrwertsteuer** erhoben, sondern lediglich eine (sehr niedrige) Verbrauchssteuer – ein Sonderstatus, den der Archipel innerhalb der EU genießt. Manche Markenartikel sind daher günstiger als bei uns. Man sollte jedoch die Preise kennen, um vergleichen zu können. Zu beachten sind die erlaubten Freimengen bei der Einfuhr ins Heimatland (S. 183).

Spielplatz zur Verfügung. ■ Avda. Touroperador Tui, www.holidayworldmaspalomas.com, Sommer Fr, Sa 18–1, sonst bis 24, Winter Fr, Sa 17–24, sonst bis 23 Uhr, großer Gratisparkplatz, Plan S. 115 b2

 Erlebnisse

Sky Rebels Juanjo und Inés ermöglichen die Teilnahme an einem Paratrike-Flug, einer speziellen Variante des Tandem-Gleitschirmflugs. Allerdings bietet das Trike mehr Bequemlichkeit und dank des Motors auch mehr Autonomie. ■ GC-604, Km 30, Tel. 622 21 22 13, www.sky-rebels.com, 10-Min.-Flug 79 €/Pers., Plan S. 115 nordwestl. a1

 Sport

Canarias Ecuestre Der Reiterhof, auf dem auch Deutsch gesprochen wird, wartet mit einem vielseitigen Angebot an Reiterferien, Unterricht und Ausritten auf. ■ El Tablero, Ctra. de los Palmitos, Tel. 632 71 57 72, www.canarias-ecuestre.com, Plan S. 115 nordwestl. a1

Free Motion Verleih von Rennrädern, Mountainbikes, Cityrädern und E-Bikes. Außerdem hat die Agentur geführte Touren in ihrem Programm, darunter eine Mountainbiketour durch den »Grand Canyon« oberhalb der Costa Canaria für 59 €/Person inkl. Radmiete. ■ Avda. Alféreces Provisionales (Hotel Sandy Beach), Tel. 928 77 74 79, www.free-motion.com, Plan S. 115 d2

Happy Horse Der deutschsprachige Reiterhof bietet geführte Ausritte (z. B. 1 Std. 36 € inkl. Transfer) und Unterricht. ■ El Salobre, Calle Islas Malvinas 3, Tel. 658 92 52 86, www.happy-horse.org, Plan S. 115 nordwestl. a1

Moto & Bike Hier stehen etwa 100 Fahrräder und 90 Motorräder bzw.

Motorroller zur Vermietung. ■ Avda. de Gran Canaria 32, Tel. 928 77 33 31, www.motoandbike.com, Plan S. 115 c2

Pro Surfing Windsurfing, Kitesurfing, Wellenreiten, Wakeboarding, SUP. Surfboardverleih 1 Tag 25 €, Schnupperkurs 2 Std. 35 €. Bei Bedarf werden andere Spots angefahren. ■ Avda. de Moya 6 (Eurocenter, Lokal 80), Tel. 628 10 40 25, www.prsurfing.com, Plan S. 115 d1

Zeus Dive Center Tauchen mit Nitrox, das die Sicherheit deutlich erhöhen soll. Das international aufgestellte Tauchzentrum engagiert sich beim Schutz bedrohter Hai- und Rochenarten. ■ Avda. de Italia 2 (Hotel IFA Continental), Tel. 690 17 69 40, www.zeusdivecenter.com, Plan S. 115 d2

 Entspannung

Ozone Boutique Gym Eine zeitgemäße Kombi aus Fitnessstudio, Schönheitssalon und Spa mit klimatisiertem Schwimmbad, Dampfbad, Sauna. Massagen, etwa mit Aloe vera, individuelle Physiotherapie und verschiedene Aktivitäten wie Wassergymnastik oder Pilates. ■ Avda. Touroperador Tui (Holiday World), Tel. 928 73 05 23, www.ozoneboutiquegym.com, Mo–Fr 7–22.30, Sa 8–16, So 10–14 Uhr, Tageskarte 15 €, Plan S. 115 b2

Meloneras

Der etwas feinere Ferienort am Leuchtturm bei den Dünen

Die palmengesäumte Strandpromenade Paseo de las Meloneras folgt einer flachen Klippenküste, an der sich die Atlantikwellen brechen. Tagsüber wie abends flanieren hier zahllose Urlauber, Straßenmusikanten sorgen für Stimmung. Man kann Wellenreiter beobachten und Fischerboote vorüberziehen sehen. In den Geschäften der angrenzenden Einkaufszentren Varadero und Boulevard El Faro häufen sich internationale Nobelmarken aus den Bereichen Kleidung, Uhren, Schmuck

An der Playa de Meloneras sorgen mehrere Restaurants und Cafés für das leibliche Wohl

Ein Stück Wüste auf Gran Canaria: die berühmten Sanddünen von Maspalomas

und Parfümerie. Ebenso vornehm geht es in den Hotels zu. Die neueren unter ihnen entstanden gerade noch rechtzeitig vor dem Baustopp, der faktisch auf Gran Canaria seit Beginn des Jahrtausends gilt. Einige ältere Nobelherbergen mit parkartigen, schattigen Gärten stehen beim Leuchtturm.

ADAC *Wussten Sie schon?*

Der Ursprung des **hellen Sandes** an der Playa del Inglés wird oft in Afrika vermutet. Doch sind die Sandkörner viel zu schwer, um von der Sahara herübergeweht zu werden. Vielmehr handelt es sich um die von Wellen zerriebenen Kalkschalen von Muscheln und Meeresschnecken. Die beigemischten, dunklen Körner sind winzige Brocken des Vulkangesteins der Insel.

 Sehenswert

 Dunas de Maspalomas
| Sanddünen |

 Riesiges, völlig naturbelassenes Dünenfeld hinter dem Strand

Die Dünenlandschaft an Gran Canarias Südspitze, die Maspalomas vom Meer trennt, zählt zu den ganz großen Attraktionen der Kanarischen Inseln. Bis zu 20 m hohe Sandberge verteilen sich auf 4 km². Der Meeressaum davor trägt den Spitznamen »Ameisenstraße«. Tausende von Urlaubern mögen es sein, die jeden Tag am Strand entlang die 4 km von Meloneras nach Playa del Inglés oder vice versa marschieren. Am schönsten ist es hier in den Abendstunden, wenn die Dünenkämme lange Schatten werfen und der Sand rötlich im Licht der untergehenden Sonne schimmert.

4 Oasis de Maspalomas
| Palmenhain |

Der hohe Grundwasserstand am Rand der Charca de Maspalomas ermöglicht die Existenz eines regelrechten Waldes aus Dattelpalmen. In den 1960er-Jahren wurden Hotels hineingebaut, die in ihren riesigen Gärten Teile des einstmals wohl noch größeren Palmenhains bewahrten. Heute flattern dort südamerikanische Mönchssittiche, die auf den Kanarischen Inseln ausgewildert sind, kreischend umher. Bei den öffentlich zugänglichen Flächen der Oase besteht noch Sanierungsbedarf. Der Parque Tony Gallardo, den der grancanarische Künstler in den 1990er-Jahren anlegte, wird derzeit renoviert.

5 Faro de Maspalomas
| Leuchtturm |

Seit 1890 markiert der 56 m hohe Leuchtturm die Südspitze Gran Canarias. Um das Baumaterial heranzuschaffen, musste seinerzeit eigens eine Mole angelegt werden, an der später einmal pro Monat ein Schiff mit Personen und Waren nach Las Palmas abfuhr. Die Straße reichte damals von der Hauptstadt lediglich bis Agüimes. Heute funktioniert der Faro vollautomatisch, zu besichtigen ist er nicht. Zu seinen Füßen breiten afrikanische Händler ihre Waren aus, am Strand davor bauen Künstler vergängliche Sandburgen.

6 Punta Mujeres
| Archäologische Stätte |

An den Klippen bei der Promenade blieben Reste einer altkanarischen, rund 1000 Jahre alten Siedlung erhalten. Grundmauern von drei Häusern und einer Kochstelle sind zu sehen. Mit etwas Glück kann man in den Steintrümmern die bis zu 50 cm langen

Gran-Canaria-Rieseneidechsen beobachten. Von ihnen und vom Federvieh in der Lagune von Maspalomas sowie von Meeresfrüchten ernährten sich die prähistorischen Bewohner.

■ Paseo de las Meloneras, Eintritt frei

P Parken

Strandnahes Parkhaus in der Avenida Touroperador Tui (Beschilderung »Parking«, etwa 500 m zum Leuchtturm; ca. 8 €/Tag). Meist findet man auch eine gebührenfreie Parklücke in der strandparallelen Calle Mar Mediterráneo.

Cafés

Café de Paris Beliebte Adresse an der Promenade mit guter Auswahl an Kuchen, Torten und belegten Brötchen,

Im Blickpunkt

Charca de Maspalomas

Neben den Dünen von Maspalomas steht die brackige Lagune an der Mündung des Barranco de Fataga unter Naturschutz. Ihr Westufer ist durch einen Plankenweg erschlossen. Tafeln weisen auf Besonderheiten der Flora und Fauna hin, die mit den Jahreszeiten starken Schwankungen des Wasser- und Salzgehalts ausgesetzt sind. Regelmäßig finden sich jede Menge Meeres- und Zugvögel ein, etwa der Regenbrachvogel oder der Sanderling, die hier reichlich Nahrung finden. Ringsum im Tamariskengestrüpp brüten seit 2004 nach fast 100 Jahren Abwesenheit inzwischen wieder Teichrallen.

alles in Selbstbedienung. Innen im französischen Stil eingerichtet, Außenterrasse mit Meerblick. ■ Paseo de las Meloneras, Centro Comercial Boulevard Faro, Tel. 928 14 54 70, www.cafedeparis gc.com, tgl. 9.30–0.30 Uhr, Plan S. 115 a4

 Sport

Surf Maspalomas Die vom einheimischen Weltmeister Marcos Pérez gegründete Surfschule hat Windsurfing, SUP sowie Ausflüge zum Wellenreiten an der Nordküste im Programm. ■ Centro Comercial Oasis, Tel. 606 32 90 69, www.surfmaspalomas.com, Plan S. 115 b4

 Entspannung

Savitri Das ganzheitlich orientierte Wellnesszentrum für Massagen, Akupunktur und andere Anwendungen bietet auch ein »Fish Spa«, in dem winzige Saugbarben die Pediküre übernehmen (10 €). ■ Avda. del Faro, www.centrosavitri.com, Plan S. 115 a4

 In der Umgebung

Montecristo
| Park |
In einem wasserreichen Tal am Gebirgsrand schuf Guy Martin, der früher als Florist für die Pariser Prominentenszene tätig war, eine ganz eigene Welt, in der Kunst auf Natur trifft. Die exklusive Parkanlage vereint verschiedenste exotische Pflanzen, darunter viele Orchideen. Dazwischen verstreut stehen monumentale Skulpturen von Arno Breker und eigene Kunstwerke des von Ostasien inspirierten Gartengründers. Im angeschlossenen Restaurant kann man sich mit feiner Küche aus Bioprodukten verwöhnen lassen. ■ Barranco de Ayagaures 85, 8 km nördl. von Maspalomas, www.montecristo-gran canaria.com, Sa–Mo 10–18 Uhr, Di–Fr geschl., 8 €

Mundo Aborigen
| Freilichtmuseum |
In dem Nachbau eines prähistorischen Dorfes wurden Alltagsszenen aus der Zeit der Ureinwohner mit lebensgroßen Figuren nachgestellt. Außerdem finden Vorführungen altkanarischer Bräuche, etwa des Hirtensprungs, statt. Kinder freuen sich über verschiedene Nutztiere, die hier gehalten werden. ■ Ctra. de Fataga, 6 km nördl. von Maspalomas, tgl. 9–18 Uhr, 6 €

14 Arguineguín

Der ursprüngliche Fischerort verfügt über einen geschützten Strand

Das noch ganz authentische Fischerviertel von Arguineguín (2700 Einw.) schiebt sich auf einem Felssporn weit ins Meer hinaus. Die Häuser sind mit Fliesen verkleidet, wegen der permanent hohen Luftfeuchtigkeit. An den Fassaden hängen originale Bootsmodelle. Auf der Plaza Las Marañuelas, die mit Sitzbänken und einem Musikpavillon bestückt ist, findet jeden Dienstag

---

ADAC *Spartipp*

Halbpension oder **all-inclusive** kommt in Ferienhotels oft kaum teurer als das Zimmer mit Frühstück. Zuweilen beträgt die Differenz zwischen Frühstück und Halbpension nur ca. 4 €. Wer trotzdem einmal auswärts speisen möchte, lässt einfach eine Mahlzeit im Hotel ausfallen.

ADAC *Mobil*

Entlang der Südküste fahren **Glasbodenboote** von Líneas Salmón und Líneas Blue Bird im Linienverkehr alle 30 Min. von Arguineguín nach Puerto de Mogán mit Stopps in Anfi del Mar und Puerto Rico. Salmón bietet außerdem die Kombination B&B (bus & boat) an, und Blue Bird betreibt einen Zubringerbus ab Bahía Feliz/Maspalomas. www.lineassalmon.es, www.lineas bluebird.com, Arguineguín–Puerto de Mogán hin/zurück 19 €, erm. 11 €

(8–14 Uhr) der Mercado de Artesanía (Kunsthandwerkermarkt) statt. Sofern man in Arguineguín überhaupt von nennenswertem Tourismus sprechen kann, ist alles fest in norwegischer Hand. Hinter der grobkiesigen Playa de Arguineguín am Ostrand des Fischerviertels stehen noch einige »casitas«, einfache, selbst zusammengezimmerte Ferienhäuser der Einheimischen.

Im Hafen auf der anderen Seite des Felssporns wabert eine Mischung aus Tangduft und Öldunst zwischen den Lagergebäuden und Bootsstegen hin und her. Neben kleineren Sportfischerbooten liegen bunt bemalte Traditionskutter, mit denen die Profis der Fischereigenossenschaft hinausfahren. Wenn sie sich an Land aufhalten, sieht man sie in lebhafte Gespräche vertieft oder auch beim Sprung ins Hafenbecken, wo sie sich ein erfrischendes Bad gönnen. Einige kiesige Badebuchten für Individualisten liegen östlich des Ortes, jenseits des mit Bananen bepflanzten Barranco de Arguineguín, inmitten einsamer, felsiger Landschaft. Dort stehen auch immer ein paar Wohnmobile.

 Sehenswert

Playa Las Marañuelas
| Strand |
Der angenehme Strand wurde durch angeschütteten Sand aufgewertet. Hier herrscht immer ein gewisser

In Arguineguín ist das ursprüngliche Leben der Fischer auch heute noch erlebbar

Im Blickpunkt

Flair der Fischerhäfen

Das ursprüngliche Gran Canaria ist noch in einer Handvoll Küstendörfer zu finden, in denen man traditionellen Fischfang praktiziert. Mit kleinen Booten wird handwerklich gefischt, mit Netzen, Angeln und Reusen. Die typische Atmosphäre lässt sich nicht nur in Gran Canarias größtem Küstenfischerhafen Arguineguín, sondern auch in Castillo del Romeral an der Südostküste schnuppern. Im Nordwesten ist eine kleine Fischereiflotte in Puerto de las Nieves (Agaete) stationiert, in Las Palmas im südlichen, urigen Stadtteil San Cristóbal. Unter den bekannten Ferienorten besitzt Puerto de Mogán einen Fischerhafen, der wohl der meistbesuchte von allen ist. www.grancanariapescaenred.com

Badebetrieb, denn die Playa ist durch die Hafenmole gegen den vorherrschenden Passatwind gut geschützt. Dahinter reihen sich Restaurants. Die oberhalb der Klippen nach Westen führende Promenade bietet den besten Blick auf den Hafen und auf die in der Bucht v.a. im Spätsommer vor Anker liegenden Jachten der Weltumsegler, die auf den Kanaren die Hurrikansaison in der Karbik abwarten, bevor sie den Atlantik überqueren.

Parken

Auf dem Marktgelände Plaza Negra (Calle Juan Juana) östlich des Fischerviertels parkt man mit dem Pkw gebührenfrei, Wohnmobile sind nicht erlaubt. Am Markttag (Dienstag) besteht auf dem Platz von 0 bis 16 Uhr Parkverbot. Dann wird es im Ort sehr eng, zum Markt sollte man also besser mit dem Linienbus kommen!

Restaurants

⑬ **€€ | Cofradía de Pescadores** Die örtliche Fischereigenossenschaft bürgt für frischeste Qualität von Fisch und Meeresfrüchten. Als Beilage sind »papas arrugadas« (Schrumpelkartoffeln) fast schon ein Muss. Unter den Desserts ragt der hausgemachte Karamellpudding (»flan casero«) heraus.■ Avda. del Muelle 1, Tel. 928 15 09 63, Di–So 9–23 Uhr

Einkaufen

Mercadillo Municipal Auf diesem bunten Wochenmarkt decken sich auch viele Einheimische ein. Angeboten werden Kleidung, Lederwaren und Schuhe, Schmuck, Kunsthandwerk, Produkte mit Aloe vera sowie Lebensmittel und Blumen.■ Calle Juan Juana, Di 9–14 Uhr

Pescadería Ein Traum für Selbstversorger ist die Fischhandlung am Hafen, wo der frische Fang der örtlichen Fischer verkauft wird.■ Puerto de Arguineguín, Mo–Sa 8–15 Uhr

Sport

Dive Academy Gran Canaria Professionelle PADI-Tauchbasis. Kurse und Tauchgänge für alle Ausbildungsstufen und Ausfahrten zu Spots rund um die Insel, etwa zu den Schiffswracks vor Las Palmas.■ Calle La Lajilla, Tel. 928 73 61 96, www.diveacademy-grancanaria.com

Neben Las Palmas besitzt Arguineguín den größten Fischereihafen von Gran Canaria

15 Puerto Rico

Mit zwei Häfen ein wassersportorientierter, bei Engländern beliebter Badeort

Information

■ Oficina de Turismo, Avda. de Mogán, 35130 Mogán-Puerto Rico, Tel. 928 15 88 04, www.mogan.es

Weiße Apartmenthäuser stapeln sich treppenförmig an den steilen Hängen rings um die Bucht. In den beiden Sporthäfen Puerto Base und Puerto Escala werden verschiedenste Wassersportarten angeboten. Dazwischen drängen sich am schmalen Strand Sonnenliegen dicht an dicht. Um die Mittagszeit liegt eine träge Müdigkeit über der Szenerie. Dann sitzen die vorwiegend britischen und skandinavischen Badegäste in den Lokalen rings um die Playa und lassen sich zum Grillhähnchen ein kühles Bier munden. Viel Ambiente darf man nicht erwarten, aber es ist für alles gesorgt, was ein Strandurlauber braucht, einschließlich der Relaxmassage auf der Sonnenbank und der Pediküre im »Fish Spa«. Im Parque Urbano, dem Stadtpark hinter dem Strand, verschränken riesige Indische Lorbeerbäume ihre Kronen zu schattigen Blätterdächern.

Während die Ferienanlagen in Puerto Rico meist schon in die Jahre gekommen sind, hat die westliche Nachbarbucht Amadores ein paar neuere, mit Natursteinfassaden dezent in die Landschaft gefügte Hotels vorzuweisen. Eine 1,5 km lange Promenade verbindet in der Steilwand unterhalb der Straße die beiden Buchten. Die Playa de Amadores ist weniger überlaufen, aber auch nicht wirklich einsam.

Parken

Am Puerto Base und Puerto Escala ist Parken gebührenpflichtig (1,40 €/Std., 11 €/Tag). Ein strandnaher Parkplatz befindet sich in der Calle Juan Díaz Rodríguez (blaue Zone, 0,55 €/Std.). Ansonsten besteht auch noch die Möglichkeit, entlang der Avenida de Mogán nach einer freien Lücke Ausschau zu halten (gratis, 300–500 m zum Strand). Hinter der Playa de Amadores gibt es zahlreiche Parkbuchten (gratis), die ab dem späteren Vormittag meist besetzt sind.

 ### Einkaufen

Mercado Agricola In traditionelle Inseltrachten gekleidet, verkaufen die Händler des Bauernmarkts einheimisches Obst, Gemüse, Käse, Honig, Landbrot, süßes Gebäck und Kunsthandwerk. Man kann frisch gepressten Zuckerrohrsaft oder Mixgetränke mit Rum probieren. Folkloremusikanten begleiten das Geschehen. ■ Parque Urbano, jeden 2. So 8–13.30 Uhr

 ### Kinder

Angry Birds Activity Park In dem gepflegten Spielpark haben Kinder aller Altersstufen Spaß. Zu den Attraktionen zählen Hüpfturm, Laserlabyrinth, ein großes Klettergerüst, Rutsche, Riesenschaukel, Minigolf und Ballpool. Mit Snackbar. ■ Avda. de la Cornisa 2, Tel. 928 15 39 76, www.activityparkcanarias.com, Ende Juli–Anf. Sept. tgl. 10–22 Uhr, sonst 11/12–18/20 Uhr, 16 €, erm. 12 €

Velero Timanfaya Mit dem Nachbau einer Galeone aus dem 16. Jh. geht es aufs Meer hinaus. Während die Eltern die frische Brise und den Blick auf die Küste genießen, verwandeln sich die Kinder in »Piraten«, begeben sich auf Schatzsuche und zeichnen Abenteuerszenen. ■ Puerto Base, Tel. 673 77 66 88, www.timanfayaboat.com, ca. 45 €, erm. 22,50 €

 ### Sport

Top Diving Führende Tauchbasis in Puerto Rico, mit PADI-Ausbildung, auch Auffrischungskurse. Tauchgang inkl. Ausrüstung 37 €. ■ Puerto Escala, Tel. 603 28 09 79, www.topdiving.net

Goldener Sandstrand und kristallklares Wasser: die gut geschützte Playa Amadores

Im Blickpunkt

Wale und Delfine

Ab Puerto Rico starten Ausfahrten zur Wal- und Delfinbeobachtung. Die Sichtungschancen stehen gut, denn rund um die Kanarischen Inseln kommen die Meeressäuger in einer großen Arten- und Individuenzahl vor. Geschulte Guides geben Erläuterungen. Verspielte Delfine wie der Große Tümmler oder der schlankere Atlantische Fleckendelfin nähern sich den Booten fast immer ohne Scheu. Seltener werden die größeren Pilotwale angetroffen. Mit etwas Glück bekommt man sogar Pottwale oder den zu den Bartenwalen zählenden Brydewal zu Gesicht.

Watersports Luis Molina Verleih von Sportkatamaranen (1 Std. 45 €, mit Schulung 70 €), außerdem SUP, Seekajak und diverses Fun-Wassersportgerät wie Flyboard, Parasailing oder Bananenboot. ■ Anfi del Mar, Barranco de la Verga, Tel. 606 12 92 14, www.watersportsluismolina.com

Entspannung

Amadores Beach Club Luxus pur erlebt man in dieser privaten Strandhütte mit Sofa-Lounge und eigenem Swimmingpool, Champagner und ein kühles Bier inbegriffen (350 €/Tag). Wer das zu teuer findet, kann im Chillout-Garten einen Cocktail schlürfen oder eine Bali-Liege mit Sitzgruppe und Sonnenschirm buchen (ab 40 €/Tag). ■ Playa de Amadores, Tel. 928 56 00 72, www.amadoresbeachclub.com

16 Puerto de Mogán

 Hafen- und Strandort mit einer malerischen Marina

i Information

■ Zuständig für Puerto de Mogán ist das Büro in Puerto Rico (S. 125).

Als vorbildliches Tourismusprojekt gilt der schon in den 1980er-Jahren angelegte Jachthafen von Puerto de Mogán mit den angrenzenden, traditionellen Fischerhäusern nachempfundenen Apartmenthäusern. Blumengeschmückte Gassen und schmale Kanäle durchziehen die Anlage, die auch »Klein-Venedig« genannt wird. An der Wasserfront laden Restaurants zur Rast ein. Der benachbarte kommerzielle Hafen hat ein spröderes Flair, aber es herrscht immer Betriebsamkeit. Hochseejachten werden an Land gehievt und auf Vordermann gebracht, Fischerboote fahren hinaus wie eh und je. Mit langen Angeln fangen sie Thunfisch noch auf handwerkliche Art.

Hinter dem Hafengelände klettern die verschachtelten, kubischen Häuser des alten Fischerdorfs den Hang hinauf. Wäscheleinen flattern im Wind, aus dem einen oder anderen Fenster erschallt Latinomusik, ältere Damen führen ihre winzigen Hunde spazieren. Treppenwege nur für Fußgänger führen hindurch, einer davon mündet ganz oben in einen Mirador (ausgeschildert) mit perfektem Hafenblick.

Unten am Fluss, auf der kleinen Plaza del Sol, sitzen die Dorfbewohner zusammen und sehen die Touristen zwischen der Marina und dem angrenzenden, mit hellem Sand aufgefüllten Strand hin- und herflanieren.

Hinter der Playa erstreckt sich eine Häuserzeile mit Restaurants und Geschäften. In der östlichen Nachbarbucht entstand in jüngerer Zeit die Feriensiedlung Taurito. Karge Berghänge, an denen terrassenförmig angelegte Hotels kleben, rahmen dort eine hellsandige Playa.

 Sehenswert

Cañada de Los Gatos
| Archäologische Stätte |
Die Bewohner dieser altkanarischen Siedlung betrieben sowohl Fischfang als auch Getreideanbau im Barranco de Mogán. Steinfundamente mehrerer Häuser sowie ein Gräberfeld sind zu besichtigen. Das vielleicht um das Jahr 400 entstandene Dorf wurde weit über die Conquista hinaus bis in das 20. Jh. hinein genutzt.

 Calle La Puntilla, www.arqueologia canaria.com, April–Sept. Di–So 10–18, sonst 10–17 Uhr, 4 €, erm. 2 €

P Parken

Es gibt einen Parkplatz am Beginn des Hafens (1,80 €/Std.). Die Straße zwischen Hafen und altem Fischerviertel (Callejón Explanada del Castillete) ist als blaue Zone ausgewiesen. Gratis parkt man in ihrem weiteren Verlauf entlang der Hafenmole und im Paseo de los Pescadores hinter dem Strand.

Puerto de Mogán stellt ein gutes Beispiel für eine gelungene Ferienarchitektur dar

Restaurants

€€ | La Cofradía Auf der langen Außenterrasse am Fischerhafen serviert das elegante Restaurant der Fischereigenossenschaft abseits der Touristenströme den frischen Fang. ■ Callejón Explanada del Castillete 7, Tel. 928 56 53 21, tgl. 10–22 Uhr

€€€ | La Caracola – Seemuschel Seit vielen Jahren führen Dieter und Chris das kleine Lokal am Hafen. Alles wird frisch zubereitet, etwa Lachs und Riesengarnelen heißgeräuchert aus dem Räucherofen oder Stroganoff vom Thunfisch. Reservierung erforderlich. ■ Local X-12 2, Tel. 928 56 54 86, www.seemuschel.eu, tgl. ab 19 Uhr, Mitte Mai–Sept. geschl.

Kinder

Atlántida Submarine Für etwa 40 Min. taucht der »Golden Shark« ab. Durch die großen Bullaugen des U-Boots lassen sich die tropisch anmutende Meeresfauna und in 25 m Tiefe liegende Schiffswracks in Augenschein nehmen. ■ Pantalán Dique Sur, Tel. 928 56 51 08, www.atlantidasubmarine.com, ca. 8 x tgl., 31,50 €, erm. 16 €

Lago Taurito Abwechslung für die ganze Familie verspricht diese Badelandschaft mit Meerwasserpools. Für Kinder gibt es den Mini Park mit Rutschen und Piratenschiff. Erwachsene können sich auf größeren Rutschen wie Kamikaze oder FreeFall vergnügen. Mit Minigolfanlage, Bowlingbahn, Fitnessparcours. ■ Taurito, www.lago taurito.es, tgl. 10–18 Uhr, 17 €, erm. 5 €

Sport

Aquasport Verleih von Seekajaks (Einer 10 €/Std., Zweier 15 €/Std.) sowie weiterem Wassersportgerät, etwa Flyboard, Jet-Ski, Parasailing, Hoverboard. ■ Playa de Taurito, Tel. 928 56 69 94, www. watersports-grancanaria.com

Canary Diving Die englischsprachige PADI-Tauchbasis bietet Schulungen und Ausfahrten zu den besten Spots im Sudwesten der Insel. ■ Taurito (Taurito Princess Hotel), Tel. 610 81 06 19, www. canary-diving.com

Entspannung

Krabí Spa Hübsches Wellnessstudio mit Pool, Jacuzzi, Sauna, Dampfbad, Massagen. Ruhezone mit Korbliegen und Fitnessbereich. ■ Taurito, Calle Alhambra, www.paradiseresorts.es, tgl. 9–20 (Winter 8–19) Uhr, 2 Std. 10 €

Übernachten

In den Strandorten im Süden Gran Canarias herrschen Ferienhotels der Mittel- und Oberklasse mit relativ hohem Preisniveau vor, die sich fest in der Hand von Reiseveranstaltern befinden. Vergleichsweise günstig wohnt man in einer der zahlreichen Apartment- und Bungalowanlagen, deren Standard allerdings in den meisten Fällen einfacher ist.

Agüimes 106

€ | **Casa de los Camellos** Gediegenes Hotel in einem Altstadthaus mit kanarischem Patio. Zwölf geräumige, rustikale Zimmer. ■ Calle El Progreso 12, Tel. 928 78 50 03, www.hotelcasalosca mellos.com

Bahía Feliz 110

€ | **Side Shore** Charmante, wenn auch etwas in die Jahre gekommene Anlage mit 25 Bungalows in einem gepflegten Garten. ■ Playa del Águila, Plaza de Hibiscus 2, Tel. 928 76 29 58, www.sideshore-es.com

€€ | **BlueBay Beach Club** Der große Apartmentkomplex ist bei Familien sehr beliebt. Nah am Kiesstrand gelegen, mit Poollandschaft über den Klippen. Halbpension möglich. ■ Paseo Pablo Picasso 6, Tel. 928 15 72 19, www.bluebayresorts.com

€€ | **TUI Family Life Orquidea** Für Familien mit kleineren Kindern konzipiertes Hotel mit 255 Zimmern, die sich auf elf Etagen verteilen. Es gibt ein Animationsprogramm, Spielplatz und Spielzimmer, die Poollandschaft verfügt über einen separaten Kinderbereich, auf die Erwachsenen wartet ein Spa. ■ Ctra. General del Sur, Km 44, Tel. 928 15 71 25, www.nordotel.com

Maspalomas & Costa Canaria 112

€€ | **IFA Buenaventura** Drei-Sterne-Haus in zentraler Lage. Hier fühlen sich junge, sportorientierte Gäste wohl. Geräumige Balkonzimmer. ■ Playa del Inglés, Calle Gánigo 6, Tel. 928 76 16 50, www.lopesan.com

€€ | **Luxury Atlantic Lofts** Die supermodernen Unterkünfte bieten nicht nur viel offenen Raum, sondern auch einen atemberaubenden Atlantikblick. Ihre bodentiefen Panoramafenster schweben direkt über dem Wasser. Für Selbstversorger (zwei Pers.) komplett ausgestattet. Buchbar über diverse Internetportale. ■ San Agustín, Calle de los Dragos 1

€€ | **Oasis Maspalomas** Überschaubar großes, zwar schon etwas älteres Apartmenthaus, dafür aber exzellent in Leuchtturmnähe gelegen. ■ Meloneras, Avda. del Oasis, Tel. 928 14 19 52, www.oasismaspalomas.com

€€ | **Parque Tropical** Ein Hotelklassiker in gefälliger kanarischer Bauweise, mit Palmengarten. ■ Playa del Inglés, Avda. de Italia 1, Tel. 928 77 40 12, www.hotelparquetropical.com

€€€ | **Lopesan Costa Meloneras** Die rund 1100 Zimmer der palastartigen Hotelanlage gruppieren sich um mehrere Innenhöfe. Exotischer Garten, mehrere Pools, Sportangebot. Kinderfreundlich mit Miniclub und Babysitting. ◼ Meloneras, Calle Mar Mediterráneo 1, Tel. 928 12 81 00, www.lopesan.com

€€€ | **Palm Beach** Mit fünf Sternen eines der führenden Häuser der Insel, in farbenfrohem Retrodesign dekoriert. 328 luxuriöse Zimmer, erlesenes gastronomisches Angebot und eine Poollandschaft unter Palmen. Ruhige, strandnahe Lage. ◼ Meloneras, Avda. del Oasis, Tel. 928 72 10 32, www.hotel-palm-beach.de

€€€ | **Riu Palace Maspalomas** Das Vier-Sterne-Haus ist nicht mehr ganz neu, punktet aber durch seine Lage unmittelbar an den Dünen. Guter Service, gesetztes Publikum. ◼ Playa del Inglés, Avda. de Tirajana, Tel. 918 76 95 00, www.riu.com

€€€ | **San Agustín Beach Club** Eher kleineres Hotel mit Garten und Poolbereich über dem Meer. Klassisch eingerichtete Zimmer und Suiten, Spa, elegantes Restaurant. ◼ San Agustín, Plaza de los Cocoteros 2, Tel. 928 77 16 40, www.sanagustinbeachclub.com

Puerto Rico

€€ | **Riosol** Drei-Sterne-Hotelzimmer und Apartments für bis zu fünf Personen in Terrassenbauweise am Hang, Zahlreiche Stammgäste. Großartiger Blick hinab zu den beiden Sporthäfen. ◼ Calle Isla de Lobos 1, Tel. 928 56 12 58, www.riosolhotel.com

€€€ | **Gloria Palace Royal** Vier-Sterne-Hotel nahe der Playa de Amadores mit großzügigen Balkonzimmern, fast alle mit Meerblick. Der Spa-Parcours kann ohne zusätzliche Gebühr genutzt werden. ◼ Calle Tamara 1, Tel. 928 12 85 05, www.gloriapalaceth.com

Entspannte Stunden an der Poollandschaft des Lopesan Costa Meloneras

Puerto de Mogán

⑭ €€€ | **Cordial Mogán Playa** Architektonisch sehr gelungene Anlage in fantasievollem kanarischem Stil mit weitläufigem Innenhof, in dem die tropisch begrünte Poollandschaft liegt. Das I-Tüpfelchen ist die Lobby mit ihren Grotten und Wasserspielen. Elegant dekorierte Zimmer, alle mit Balkon. Zum Strand sind es ca. 500 m. ◼ Avda. Los Marrero 2, Tel. 928 72 41 00, www.becordial.com

€€€ | **THe Puerto de Mogán** In den Jachthafen integriertes Vier-Sterne-Hotel mit 56 Zimmern, Liegefläche auf dem Dach und direktem Zugang zu Meer. Maritim inspirierte Einrichtung, Spabereich mit Innenpool und Sauna. ◼ Urb. Puerto de Mogán, Tel. 928 56 50 66, www.totalhotelexperience.com

Der Westen und der Nordwesten

Felsige Küsten, urige Fischerdörfer und fruchtbare Täler im Hinterland kennzeichnen den westlichen Inselteil

Trotz der Nähe zur Südküste scheinen Mogán und erst recht San Nicolás wie in einer anderen Welt gelegen. Beeindruckend ist die Steilküste im Westen. Agaete mit dem malerischen Fischer- und Fährhafen Puerto de las Nieves und seinem Tal voller Obstplantagen entwickelt sich zu einem Ferienort für Individualisten. Einen hübschen Badestrand hat Sardina del Norte. Gáldar punktet mit prähistorischen Felsmalereien, Guía mit dem berühmten Blumenkäse. Bei Moya existieren noch Reste des einst üppigen Lorbeerwalds, Mineralquellen sprudeln bei Firgas.

In diesem Kapitel:

ADAC Top Tipps:

 7 **Valle de Agaete**
| Landschaft |

Der breite, von Felswänden begrenzte Talgrund der Schlucht gilt als fruchtbarster Teil der Insel. Zwischen subtropischen Obstkulturen stehen Dattelpalmen und idyllische Bauernhöfe, überragt von steilen Hängen. 141

 8 **Cueva Pintada, Gáldar**
| Archäologiemuseum |

Eine Höhle mit einzigartigen Felsmalereien der Ureinwohner wurde mitsamt der zugehörigen prähistorischen Siedlung zum Archäologiepark mit einem sehenswerten Museum zum Thema ausgebaut. 144

ADAC Empfehlungen:

 15 **Playa de Tasarte**
| Strand |

Steile Felswände rahmen die kiesige, ganz naturbelassene Playa ein, die auf abenteuerlicher Fahrt durch eine Schlucht zu erreichen ist. 135

17 Mogán

Beschauliches Bauernstädtchen, für eine Auszeit vom Strand

Obwohl im hiesigen Rathaus die Verwaltung der Ferienorte Puerto de Mogán und Puerto Rico sitzt, gibt sich Mogán gänzlich untouristisch. Den zentralen Parkplatz (gratis) in der Calle la Galletana säumt eine Mauer mit der zeitgenössischen Reliefgruppe »El Rincón de Mima«. Die einheimischen Bildhauer Emilio Mosquera und Miguel Ruano haben dort bunte Mosaike eingelassen, die Paare in den typischen Trachten der sieben Kanareninseln zeigen. Bergab mündet die Straße in einen kleinen Platz, wo sich ein paar Geschäfte und Bars um einen gewaltigen Eukalyptusbaum scharen. Bei Festen spielt die Blasmusikkapelle im Pavillon auf dem benachbarten Kirchplatz auf. Meist liegt dieser aber abseits des Geschehens. Dann kann man in aller Ruhe auf einer der Bänke unter dem Laubengang Platz nehmen und die Fassade der Iglesia de San Antonio (1814) mit dem typisch kanarischen zentralen Zwillingsglockengiebel bewundern.

Sehenswert

Molino de Viento
| Windmühle |
Sorgfältig wurde die sechsflügelige Windmühle, mit 7 m Höhe die größte ihrer Art auf Gran Canaria, restauriert. Wahrscheinlich entstand sie in der zweiten Hälfte des 19. Jh., als Mogán einen wirtschaftlichen und demografischen Aufschwung erfuhr durch die Gewinnung der Naturfarbe Karminrot aus Koschenilleläusen, die auf Feigenkakteen parasitieren. Innen kann man zwei Stockwerke hinaufsteigen, bis in den drehbaren Aufsatz mit dem Mahlwerk. Rings um die Mühle stehen überdimensionale Nachbildungen von Gegenständen des täglichen Gebrauchs, etwa Tisch und Stühle, Espressomaschine oder Kaffeemühle. Solche Skulpturen werden anlässlich der Romería de Mogán (s. u.) angefertigt.
■ El Molino de Viento, Calle M. Dolores Navarro Ramirez 1, Eintritt frei, Spende erwünscht

Restaurants

€ | **Las Cañadas** Das rustikale Ausflugslokal geht auf einen Treffpunkt der Viehhirten zurück. Heute hält hier fast jedes Auto, das auf der Bergstrecke Richtung Westen unterwegs ist. Serviert wird eine inseltypische Küche, etwa Ziegenfleisch oder »ropa vieja de pulpo« (Tintenfischeintopf). Mit kleinem ethnografischem Museum. ■ Ctra. de San Nicolás (GC-200), 7 km nördl. von Mogán, Tel. 928 94 35 90, www.restaurantelascañadas.es, tgl. 9–20 Uhr

Einkaufen

La Frutería Bauernladen an der südlichen Ortszufahrt, mit hervorragendem Angebot an einheimischem Obst und Gemüse, auch aus ökologischer Produktion, sowie Käse und weiteren kulinarischen Spezialitäten. Dazu gibt es einen Ausschank mit Kaffee, Tee und verschiedenen Smoothies. ■ Las Casillas 2, tgl. 7.30–21 Uhr

Events

Romería de Mogán Eine Ziegenherde führt den Pilgerzug an einem Wochenende um den 13. Juni zu Ehren des hl.

Die sorgfältig restaurierte Windmühle von Mogán umgibt ein Kakteengarten

Antonius von Padua an. Ihr folgen die Festwagen der verschiedenen Ortsteile, beladen mit Opfergaben wie Obst, Gemüse oder Fisch und überdimensionalen Kopien von allerlei traditionellen Alltagsgegenständen. Ringsherum tanzen und musizieren Folkloregruppen, und beherzte Männer führen den »salto del pastor« vor, einen Sprung mit langen Stäben, den früher die Hirten in zerklüftetem Gelände praktizierten. Zünftig ist es, in kanarischer Tracht zum Fest zu erscheinen. ■ www.mogan.es

🚗 In der Umgebung

Los Azulejos de Veneguera
| Felsformation |

Vielfarbige Gesteinsschichten bilden diese Attraktion unmittelbar an der Straße von Mogán nach San Nicolás – eine willkommene Abwechslung in der zwar spektakulären, aber monotonen Landschaft. Sie schimmern in den verschiedensten Rot-, Ocker- und Türkistönen. Ihren Namen (azulejo = Fayence) teilen sie mit den bunten Keramikfliesen, die in der kanarischen Architektur häufig zu sehen sind. Die Entstehung wird durch unterschiedliche chemische Verwitterungsreaktionen erklärt, denen die Vulkanaschen nach ihrer Ablagerung ausgesetzt waren. Vielleicht am intensivsten zeigt sich das Farbenspiel am Nachmittag, wenn die Sonne im richtigen Winkel auf die Felsen trifft. Am Parkplatz sorgt eine Bar für das leibliche Wohl.

■ GC-200, 50 km nördl. von Mogán

Playa de Tasarte
| Strand |

(15) *Ein Strand für Individualisten, einsam zwischen hohen Felswänden*
Der weitgehend naturbelassene Kiesstrand zählt zu den unbekanntesten Ecken auf Gran Canaria. Hier trifft man vorwiegend Einheimische, etwa Ang-

Der karge Barranco de la Aldea zählt zu den eindrucksvollsten Landschaften der Insel

ler, die so manchen dicken Fisch aus dem Atlantik ziehen. Die Anfahrt führt durch eine serpentinenreiche Schlucht. Wer sich im Wasser erfrischen möchte, sollte Badeschuhe dabeihaben. Anschließend winkt die Einkehr in einem urigen Strandrestaurant.

18 La Aldea de San Nicolás

Ganz unspektakulärer, abgelegener Tomatenbauernort im Inselwesten

i Information

■ Oficina de Turismo, Calle Doctor Fleming (Parque El Molino), 35470 La Aldea de San Nicolás, Tel. 928 89 03 78, www. laaldeadesannicolas.es

Vom Tourismus ist in La Aldea de San Nicolás wenig zu spüren. Lange Zeit lebte man hier völlig isoliert vom Rest der Insel. Erst in den 1930er-Jahren erfolgte die erste Straßenanbindung. Heute betreiben die Bewohner den Anbau von Tomaten und anderen Gemüsesorten, die unter Plastikplanen gedeihen. Besucher streifen den Ort meist nur auf der Weiterfahrt zur spektakulären Westküste. Dabei lohnt durchaus ein Spaziergang durch die Altstadtstraße Calle Real, die noch von alten einstöckigen Häusern mit Naturstein- oder Lehmfassaden gesäumt wird. Die einstmals vornehme, zweietagige Casa del Balcón aus dem 17. Jh. (Haus-Nr. 29) besitzt einen etwas windschiefen, typisch kanarischen Balkon.

◉ Sehenswert

Cactualdea
| Kakteenpark |
Hunderte unterschiedlicher Kaktusarten sind in dem steinigen Gelände versammelt. Außerdem gedeihen viele weitere Sukkulenten, also Pflanzen mit Wasserspeicherorganen, und auch exotische Ziergewächse und Palmen. Ein Restaurant, eine Bodega und ein Kunsthandwerksshop ergänzen das Angebot. Kinder freuen sich über die

frei herumlaufenden Pfauen und Enten, die gefüttert werden dürfen (Futter gegen Aufpreis an der Kasse).

■ Tocodomán, 3 km südl. von La Aldea de San Nicolás, www.cactualdea.es, tgl. 10–17 Uhr, 6,50 €, erm. 3,50 €

 In der Umgebung

Barranco de la Aldea
| Schlucht |

Einem Wildwestfilm entsprungen scheint dieses karge, von hohen Felswänden gesäumte Tal, das zu den attraktivsten und zugleich einsamsten Landschaften der Insel zählt. Die sehr schmale, wenig befahrene Serpentinenstraße GC-210 führt hindurch. Von La Aldea de San Nicolás nach Artenara überwindet sie auf 33 km Strecke rund 1200 Höhenmeter. Sie berührt mehrere Stauseen, die der Bewässerung der Tomatenplantagen von La Aldea dienen. Erst bei Acusa Seca (S. 166) werden die Hänge grüner, und man trifft auf die ersten Bergbauernhöfe.

19 Puerto de la Aldea

Authentischer Hafenort, von Steilküsten umgeben und mit kiesigem Strand

An der breiten Mündung des Barranco de la Aldea erstreckt sich, von dunklen Felswänden eingerahmt, die kiesige Playa de la Aldea. Häufig rollen hier von Westen hohe Wellen an. Nördlich grenzt der Fischerhafen an den naturbelassenen Strand. Der dazugehörige kleine Ort bietet eine Uferpromenade sowie ein paar Einkehrmöglichkeiten. Unmittelbar dahinter liegen auf einem Bergrücken Reste der prähistorischen Siedlung Los Caserones mit einem Gräberfeld aus dem 13./14. Jh.

 Restaurants

€€ | **Grill Luis** Am Wochenende speisen hier einheimische Ausflügler frischen Fisch. Typisch kanarische Küche, etwa »escaldón de gofio« (Getreidebrei in Brühe) oder Schrumpelkartoffeln mit Mojo. ■ Calle los Caserones, Tel. 928 89 08 33, tgl. 10–18 Uhr

 Events

Fiesta del Charco Einer der archaischsten Inselbräuche ist der Fischfang nach Art der Ureinwohner am 11. September in Puerto de la Aldea. Der Dresscode sieht volle Bekleidung vor, viele kommen aber in Badehose oder Bikini. Ab Mittag versammeln sich die Feiernden rund um den Charco, einen Tümpel hinter dem Strand, in den die Flut mit dem Meerwasser auch Fische schwappt. Nach dem Startschuss um 17 Uhr springen alle in den Teich, um den größten Fisch oder möglichst viele Fische in die mitgebrachten Körbe zu füllen. In beiden Disziplinen winken Preise. Im Anschluss an diese Schlamm-

ADAC *Mobil*

Im Süden und Westen der Insel versprechen eine Reihe von Pisten einen ganz speziellen Fahrspaß. Mietwagenfirmen schließen Pistenfahrten jedoch oft vertraglich aus, da eventuelle Schäden nicht von Versicherungen abgedeckt werden. So ist man mit einer organisierten Jeepsafari oder Buggy-Tour meist besser bedient. Beides bietet **Gran Canaria Jeep Safari** inkl. Abholung am Hotel. Tel. 609 93 60 59, www.grancanariajeep safari.com, ab 50 bzw. 90 €/Pers.

schlacht badet man im Meer. Der Fiesta del Charco geht ein mehrtägiges Patronatsfest in La Aldea de San Nicolás voraus. ■ www.laaldeadesannicolas.es

---

🚗 **In der Umgebung**

Mirador del Balcón
| Aussichtspunkt |

 Ein großartiges Panorama hoch über den Klippen der Westküste

Unter den Aussichtsplätzen am noch befahrbaren Teil der alten Westküstenstraße sticht dieser heraus. Eine Treppe führt zum exponierten »Balkon« hinab, der unmittelbar über dem Meer schwebt. Beeindruckend ist sowohl der Blick in die Tiefe, die Klippen hinunter, als auch zu beiden Seiten entlang der zerfurchten Steilküste. Bei klarer Luft ist in der Ferne die Nachbarinsel Teneriffa auszumachen.
■ GC-200, Km 25

ADAC *Mobil*

Die Ära der legendären Westküstenstraße **GC-200** ist vorbei. Waghalsig war sie in die Felswände über dem Meer geschlagen worden. Auf 32 km Strecke wurden rund 700 Kurven gezählt. Spaniens gefährlichste Straße, die in den 77 Jahren ihrer Existenz 66 Verkehrstote forderte, wurde Ende 2016 auf einem großen Abschnitt endgültig gesperrt. Aus finanziellen Gründen lohnte es nicht, sie nach einem Erdrutsch noch einmal freizuräumen. Wenige Monate später konnte der erste Teil der neuen Tunnel-Schnellstraße zwischen La Aldea de San Nicolás und Agaete eingeweiht werden, der den Bergsturzbereich umgeht.

---

20 Agaete

Kleinstadt mit Hafen, besonders attraktiv für Individualtouristen

---

ℹ️ **Information**

■ Oficina de Información Turística, Calle N. S. de las Nieves 1, 35480 Agaete-Puerto de las Nieves, Tel. 928 55 43 82, www.agaete.es

Hier lässt sich das Flair einer typisch kanarischen Kleinstadt erleben. Im historischen Zentrum stehen herrschaftliche Häuser mit Holzbalkonen, allen voran das heutige Rathaus in der Calle Antonio de Armas. Im 19./20. Jh. diente es der Familie Armas als Wohnsitz, die in der kanarischen Politik eine große Rolle spielte. Vor der Iglesia de la Concepción (1875) liegt die unvermeidliche Plaza, auf der Senioren aus dem Viertel gerne im Schatten hoher Indischer Lorbeerbäume verweilen. Aber auch an anderen Stellen im Ort sitzen die Menschen gerne auf Klappstühlen vor den Türen und gucken, was so auf der Straße passiert. Schon 1481, vor der endgültigen Eroberung Gran Canarias, hatten die Spanier an der 2 km entfernten Küste einen befestigten Sitz errichtet. Heute legt im dortigen Hafen mehrmals am Tag die Schnellfähre nach Teneriffa ab.

👁 **Sehenswert**

Huerto de Las Flores
| Botanischer Garten |

Die bereits erwähnte Familie Armas gründete den kleinen Park im 19. Jh. mit Sämlingen aus Kuba, wo viele kanarische Emigranten lebten, aber auch aus dem Botanischen Garten von Teneriffa. Inzwischen sind diese zu Baumriesen

Zahlreiche historische kanarische Häuser zieren die Altstadt von Agaete

herangewachsen. Weit über 100 tropische und subtropische Arten werden verzeichnet, darunter auch exotische Obstsorten wie Mango oder Avocado. Früher versammelte sich hier regelmäßig ein Künstler- und Literaturzirkel um den Dichter Tomás Morales aus Moya (S. 149), der sein Geld als Amtsarzt verdiente. In dieser Eigenschaft weilte er von 1911 bis 1919 in Agaete und heiratete dort die Armas-Erbin. Heute befindet sich im Garten eine schicke Cafeteria (nicht ganzjährig geöffnet).
■ Calle Huertas 12, Di–Fr, So 10–16, Sa 12–16 Uhr, 1,50 €

Puerto de las Nieves
| Fischerort |

Freundlicher Hafenort mit nettem Flair und guten Fischlokalen

Das angenehme Ambiente des knapp 2 km westlich von Agaete gelegenen Küstenorts zieht Tagesausflügler und Feriengäste an. Hier kann man sich richtig wohlfühlen. Dabei gibt es nur einen ziemlich kiesigen, allerdings durch die Hafenmole gut geschützten Strand. Aber das machen die netten Fischlokale, die sich entlang der Calle Nuestra Señora de las Nieves zwischen die weißen Fischerkaten einreihen, locker wett. Von ihren Terrassen kann man den Fangbooten und Fährschiffen beim Kommen und Gehen zusehen. In der Fischerkapelle wird ein Gemälde der »Schneejungfrau« aus dem 16. Jh. aufbewahrt, das in früherer Zeit zu einem Triptychon gehörte und dem flämischen Maler Joos van Cleve zugeschrieben wird. Importiert wurde das Kunstwerk von einem Sohn des italienischen Zuckerhändlers und damaligen Großgrundbesitzers von Agaete, Antón Cerezo.

Im einstigen Fischerdorf Puerto de las Nieves legt die Fähre nach Teneriffa ab

Parque Arqueológico del Maipés
| Archäologische Stätte |

Die prähistorische Nekropole am Ostrand des Ortes ist nach derjenigen von Arteara (S. 154) die größte der Kanarischen Inseln. Über einen Quadratkilometer Fläche verteilen sich auf einem alten Lavastrom an die 700 runde oder ovale Tumuli, unter denen jeweils ein oder zwei Tote beigesetzt wurden. Teilweise gehen sie auf das 8. Jh. zurück. Meist handelt es sich um einfache Steinringe. Einige größere aber, vermutlich die Grabstätten höhergestellter Persönlichkeiten, wurden sorgfältig in Pyramidenform aus Basaltbrocken aufgeschichtet. Weitere Informationen erhält man im angeschlossenen Besucherzentrum. Bequeme Wege führen durchs Gelände.

■ Calle Chapín, www.arqueologiacanaria.com, April–Sept. Di–So 10–18, sonst 10–17 Uhr, 3 €, erm. 2 €

 Verkehrsmittel

Fähre: Express-Autofähre von Fred. Olsen (www.fredolsen.es) 3–6 x tgl. nach Santa Cruz de Teneriffe (Überfahrt 80 Min., einfach pro Person ab 40 €).

P **Parken**

In Agaete Erdparkplatz beim Huerto de Las Flores (gratis). Im Hafenviertel mehrere private Parkplätze (Pauschalgebühr ca. 2 €), ansonsten ist dort fast überall eine blaue Zone ausgewiesen oder es besteht Parkverbot.

 Restaurants

€ | **Bar Angor** Das kleine Speiselokal an der Hafenpromenade überzeugt mit einem tadellosen Preis-Leistungs-Verhältnis. Unbedingt Fisch oder Paella bestellen! ■ Avda. de los Poetas 2, Tel. 928 55 41 09, tgl. 7–22 Uhr

€ | **Dedo de Dios** Das geräumige Restaurant ist in einer ehemaligen Lagerhalle am Hafen untergebracht. Auf den Tisch kommen deftige Suppen, Gofio, verschiedene Tapas sowie Fisch mit »papas arrugadas«. ■ Muelle Viejo, Tel. 928 89 85 81, Di–Fr 11–22, Sa 11–23, So 11–20 Uhr

 Kneipen, Bars und Clubs

Coffee & Wine Bar Los Berrazales Beliebte kleine Terrasse gegenüber vom Kirchplatz. Der Ableger der Bodega Los Berrazales (S. 142) serviert außer Kaffee und Wein aus eigenem Anbau auch Kuchen, Tapas und Cocktails. Manchmal abendliche Musikveranstaltungen. ■ Plaza Tomás Morales 10, Mo–Do 9.30–22, Sa bis 2, So 11–17 Uhr

El Perola In dieser Bar sind die Kanarischen Inseln von früher noch lebendig. In Regalen stehen angestaubte Spirituosenflaschen, an Glasvitrinen kleben Fußballfotos, der Fernseher läuft, über den Holztresen werden Erdnüsse zum Bier gereicht. Der beste Ort für einen Absacker, günstige Preise! ■ Plaza de la Constitución 19, Di–Fr 12–15, 19–23, Sa 12–2, So 12–23 Uhr

Events

Bajada de La Rama Am 4. August feiert Agaete die »Herabführung des Zweiges«. Morgens ziehen Tausende von Menschen in die Wälder, um Zweige von Kiefern und Eukalyptus zu schneiden. Mit diesen tanzen sie, in alte

ADAC *Spartipp*

Wer ab Agaete einen Ausflug nach **Teneriffa** unternehmen möchte, kann Geld bei der Anreise sparen. In Las Palmas (Nordrand des Parque de Santa Catalina, vor dem Fred. Olsen-Büro in der Calle Luis Marote 4–6) startet jeweils eine Stunde vor Ablegen der Fähre ein Gratis-Zubringerbus (www.fred olsen.es). Rückfahrt jeweils nach Fährankunft. Reservierung für den »Ferry Bus« beim Ticketkauf (online oder im Büro). Da die Anfahrt per Linienbus vom Inselsüden nach Agaete sehr umständlich ist, gelangt man auch von dort schneller und preisgünstiger zur Fähre, wenn man den Linienbus nach Las Palmas nimmt und dort in den »Ferry Bus« umsteigt.

Trachten gekleidet und begleitet von traditioneller Musik, durch den Ort. »Papagüevos«, unter Riesenköpfen aus Pappmaché verborgene Teilnehmer, die den Bürgermeister und andere prominente Ortsbewohner darstellen, bahnen sich ihren Weg, indem sie mit ihren großen Händen nach Tänzern und Zuschauern schlagen. Das Fest geht auf die Ureinwohner zurück, die in Trockenzeiten das Meer mit Zweigen peitschten, um Regen herbeizuflehen. Gegen 18 Uhr endet die Prozession an der Ermita im Hafenviertel. Am folgenden Tag wird das Patronatsfest der Virgen de las Nieves begangen. ■ www.aytoagaete.es

21 Valle de Agaete

 Traumhaft schönes Tal mit Oasenlandschaft

Das auch unter dem Namen Barranco de Agaete bekannte und ab Agaete einfach als »El Valle« ausgeschilderte Tal zählt zu den idyllischsten Ecken Gran Canarias. Unten im Talgrund erstrecken sich Obstplantagen, am Rand stehen weiße Häuser, überragt von Felshängen. Dank des Wasserreichtums konnte hier in früheren Zeiten Zuckerrohr angebaut werden. Nach dem Niedergang des Zuckerexports verlegte man sich auf andere exotische Kulturen: Bananen, Avocados, Mangos, Papayas, Zitrusfrüchte und Kaffee. Die schmale GC-231 erschließt die grüne, weiter oben immer engere Schlucht, führt am geschlossenen Kurhotel von Los Berrazales vorbei und endet nach 14 km, kurz nach Passieren einer kleinen Aussichtskanzel, ganz unvermittelt zwischen Mandelbäumen, Kiefern und Lorbeergebüsch.

Sehenswert

Bodega Los Berrazales
| Landgut |

Auf einer über 200 Jahre alten Finca werden ganz traditionell Orangen, Kaffee und Wein kultiviert. Seit einigen Jahren keltert die angeschlossene Bodega einen hochwertigen Wein, der diverse Preise gewonnen hat. Die attraktiven Etiketten entwarf der Künstler Pepe Dámaso. Eine geführte Besichtigung macht mit allen Aspekten des Landguts bekannt und beinhaltet eine Wein- und Kaffeeprobe. Mit Verkauf.

■ Camino de los Romeros, Tel. 628 92 25 88, www.bodegalosberrazales.com, Mo–Fr 10–17 Uhr, Führung und Probe 6 €

22 Gáldar

Eine Bananenbauernstadt, die mit alt-kanarischen Felsmalereien aufwartet

i | **Information**

■ Oficina de Información Turística, Plaza de Santiago 1 (Casas Consistoriales), 35460 Gáldar, Tel. 928 88 00 50, www.ciudaddegaldar.com

Die Stadt lebt vom Bananenanbau, viele Bewohner arbeiten in den umliegenden Plantagen. Touristen schauen eher selten vorbei, obwohl Gáldar auf eine stolze Geschichte zurückblickt. Hier befand sich der Sitz eines der beiden altkanarischen Fürsten, die über Gran Canaria herrschten. Aus dieser Zeit ist mit der Cueva Pintada eine bedeutende archäologische Stätte geblieben. Mittelpunkt der Altstadt ist die wunderbare, schattige Plaza de Santiago vor der gleichnamigen Kirche. Hier steht auch die Casa Consistorial, das Rathaus,

Im Blickpunkt

Urahn des Kanarienvogels

Vielerorts ist in Küstennähe der Kanarengirlitz zu beobachten. Oft tritt der unscheinbare, aber wunderschön singende Vogel sogar in ganzen Schwärmen auf. Kaum zu glauben, dass es sich um die Urform des als Heimtier bekannten Kanarienvogels handelt. Dessen knallgelbes Federkleid ist das Ergebnis jahrhundertelanger Züchtung, erst in Spanien, später auch in anderen Ländern.

in dessen Innenhof sich der wohl älteste, angeblich 1718 gepflanzte Drachenbaum der Insel zwängt. Vom Platz führt die verkehrsberuhigte Einkaufsstraße Calle Capitán Quesada Richtung Osten, vorbei an einigen noblen Stadtpalästen und der Markthalle La Recova, die mit Fresken des einheimischen Künstlers Antonio Padrón (S. 144) ausgeschmückt ist. Östlich der Stadt erhebt sich der markante Vulkankegel Pico de Gáldar (434 m), an den sich der malerische Ortsteil La Atalaya schmiegt.

 Sehenswert

Iglesia de Santiago de Los Caballeros
| Kirche |

Im Palast des altkanarischen Fürsten von Gáldar richteten die spanischen Eroberer 1496 eine erste Kirche ein und weihten sie ihrem Nationalheiligen, dem Apostel Jakob. Diese wurde für

Im fruchtbaren Valle de Agaete wird intensiv Landwirtschaft betrieben

die wachsende Bevölkerung allmählich zu klein. So ersetzte man sie zwischen 1778 und 1826 vollständig durch den heutigen dreischiffigen Bau, der ein schönes Beispiel für den klassizistischen Stil ist. Zur Ausstattung zählt ein grün glasiertes Taufbecken, das Conquistador Pedro de Vera 1485 aus Andalusien mitbrachte, um die rasch christianisierten Ureinwohner zu taufen. Den Hauptaltar beherrscht ein tempelförmiges Tabernakel. Dem Kirchenpatron ist das Retabel im Chor des rechten Seitenschiffs gewidmet.

■ Plaza de Santiago, Di–So 10.30–13 Uhr

Casa-Museo Antonio Padrón
| Museum |

In einem schönen Stadthaus sind Werke aus allen Schaffensphasen des expressionistischen Malers Antonio Padrón (1920–1968) zu sehen, der sein gesamtes Leben in Gáldar verbrachte.

■ Calle Capitán Quesada 3, www.antonio padron.com, Di–So 10–18 (Juli–Sept. bis 19) Uhr, 2 €, erm. 1 €

Cueva Pintada
| Archäologiemuseum |

 Einzigartige Felsmalereien der Ureinwohner in einer Höhle

Teile der altkanarischen Fürstenstadt Agáldar wurden ab 1987 am Südrand des heutigen Gáldar ausgegraben. Die Archäologen fanden die Grundmauern von mehr als 50 Wohnungen, Palästen und Kultstätten, die durch ein Straßennetz miteinander verbunden waren. In einer Höhle entdeckte man abstrakte Wandmalereien, die für die Kanarischen Inseln einzigartig sind.

Ein Museumsbereich ermöglicht eine anschauliche audiovisuelle Reise in die prähistorische Vergangenheit von Gran Canaria und zeigt ausgewählte Funde, etwa Keramik, Fruchtbarkeitsstatuetten und »pintaderas« (Tonstempel zum Verzieren von Kleidern oder der Haut). Anschließend erfolgt ein Rundgang durch die Ausgrabungsstätte. Die Besucherzahl pro Tag ist begrenzt. Daher empfiehlt sich eventuell eine Online-Reservierung.

Geometrische Formen und abstrakte Muster der Ureinwohner in der Cueva Pintada

■ Calle Audiencia 2, www.cuevapintada. com, Okt.–Mai Di–Sa 10–18, So 11–18, Juni–Sept. Di–Sa 10.30–19.30, So 11– 19 Uhr, 6 €, erm. 3 €

Parken

Wer der Ausschilderung »Cueva Pintada« die Calle Maninidra aufwärts folgt, trifft auf einen Kreisverkehr. Dort liegt links ein großer Privatparkplatz (Pauschalgebühr 1 €). Außerdem gibt es zwei größere Parkplätze unmittelbar westlich der Kirche in der Einbahnstraße Calle Faycán Guanache. Auf dem ersten kassiert ein Parkwächter eine Gebühr, am zweiten steht ein Parkautomat. Die Cueva Pintada (kein eigener Parkplatz) ist jeweils 300–400 m entfernt. Man kann auch in der südlich angrenzenden Carretera General (GC-292) eine freie Lücke suchen (gratis).

Events

Santiago de Los Caballeros Eines der interessantesten Patronatsfeste der Insel findet in drei Wochen um den 25. Juli in Gáldar statt. Mit Tanz der »caballitos« (Reiterinnen auf Pappmaché-Pferden), Wahl des »altkanarischen« Prinzenpaars Guayarmina und Bentejuí und »Bajada de La Rama« (S. 141). ■ www.galdar.es

`23` Sardina del Norte

Hübscher kleiner Badeort vor einer Felskulisse, fest in einheimischer Hand

Das einstige Fischernest hat sich zu einem kleinen Ferienort entwickelt, mit Zweitwohnsitzen wohlhabender Grancanarios. Beeindruckend schroff fallen die Felswände am Nordrand des

Sardina del Norte blieb vom Massentourismus bislang völlig verschont

Ortes zum Meer hin ab. In einer geschützten Bucht liegt die dunkelsandige Playa de Sardina del Norte. Sie ist zwar nur etwa 100 m lang, aber gut zum Baden geeignet. Hier üben sich Kinder im Wellenreiten. Nur bei Westwind können schon einmal höhere Wellen anrollen. Einen weiteren, noch winzigeren Strand gibt es weiter nördlich beim Fischerhafen, wo Angler ihre offenen Boote an Land ziehen.

Parken

Zufahrt zur Küstenzone im Sommer 12–20 Uhr nur mit Sondergenehmigung. Wer nicht zu Fuß gehen möchte (500 m bis zum Fischerhafen), der nimmt vom großen Parkplatz oberhalb des Strandes den Tren Turístico, einen Minizug auf Rädern (pro Strecke 1 €).

ADAC *Mittendrin*

Die **Einheimischen** genießen es, ihren Feierabend oder das Wochenende in dem abgelegenen Fischerort, fern vom Massentourismus des Südens, zu verbringen. Hier tafeln ganze Familien stundenlang in den einfachen Restaurants am Meer. Andere baden, schnorcheln oder hocken mit der Angel in der Hand geduldig auf den Küstenfelsen. Es herrscht eine unverfälschte kanarische Freizeitstimmung. Besucher gehören ganz selbstverständlich dazu.

Restaurants

€ | Terraza El Ancla Kleines Lokal beim Fischerstrand. Man speist hier Fisch, Salate und üppige Desserts. ■ Avda. Alcalde Antonio Rosas, Tel. 640 65 67 88, www.terrazaelancla.com, Di–Sa 12–18.30, So 12–17 Uhr

€€ | Fragata de Jean Paul Exklusive Spezialitäten des Hauses sind die »mariscada« (Fischplatte, mindestens zwei Personen) und »arroz de bogavante« (Reis mit Hummer). Schön sitzt man auf der schattigen Terrasse mit Meerblick. ■ Avda. Alcalde Antonio Rosas, Tel. 928 55 49 37, www.restaurantelafragata.net, So–Di, Do 12–20, Fr, Sa 12–23 Uhr

Sport

Buceo del Norte Das Tauchzentrum nutzt die Lage in einem der interessantesten Reviere Gran Canarias, dem zerklüfteten Nordwesten. Verleih, geführte Tauchgänge, Kurse auf Spanisch und Englisch. ■ Avda. Alcalde Antonio Rosas 46, Tel. 928 88 38 07, www.buceonorte.com, Di geschl.

24 Guía

Kleinstadt mit malerischen Gassen, die für ihre Käseproduktion berühmt ist

Information

■ Oficina de Turismo, Calle San José 7, 35450 Santa María de Guía, Tel. 928 55 30 43, www.descubreguia.com

Im Blickpunkt

Legendärer Blumenkäse

Seit rund 500 Jahren wird rund um Guía auf rein handwerkliche Weise Käse erzeugt. Drei Varietäten, die nur von Januar bis Juli hergestellt werden, tragen heute die geschützte Herkunftsbezeichnung »DOP«. Zu mindestens 60 % bestehen sie aus der Rohmilch von Schafen, hinzukommen können Ziegen- und Kuhmilch. Aber nur der »Queso de Flor« (Blumenkäse) wird ausschließlich mit pflanzlichem Lab aus getrockneten Distelblüten dickgelegt. Dem »Queso de Media Flor« darf zur Hälfte auch tierisches Lab beigesetzt werden, dem »Queso de Guía« sogar zu 100 %. Bei allen drei Sorten wiegen die runden, flachen Laibe zwischen 0,5 und 5 kg. Frühestens nach zwei Wochen sollten sie gegessen werden, in mittelreifem Zustand (»semicurado«). Mehr als 60 Tage alter Käse wird unter der Bezeichnung »curado« (reif) verkauft.

Guía ist bekannt für seinen »queso de flor«, einen sehr aromatischen Käse

Die bunt angestrichenen Häuser des historischen Kerns von Guía geben ein fröhliches Bild ab. Viel los ist jedoch meist nicht. Gegenüber der Kirche auf der schmucken Plaza halten die älteren Anwohner ihre Siesta. Viel lebhafter geht es dagegen auf der Geschäftsstraße Calle Lomo Guillén zu, die vom Fuß des Altstadthügels in Richtung Nordwesten zieht. Die Haupteinnahmequelle von Guía ist der Bananenanbau, der einen bescheidenen Wohlstand mit sich bringt.

P Parken

Im engen alten Ortskern bestehen nur wenige Parkmöglichkeiten, etwa in der blauen Zone an der Plaza Grande (vor der Iglesia de Santa María). Reichlicher sind Parkbuchten an der Calle Lomo Guillén (GC-292) vorzufinden (ebenfalls blaue Zone).

Restaurants

€ | **La Quesera** In einem lauschigen Innenhof reicht der Hausherr Platten mit Blumenkäse (S. 146) und anderen Käsesorten aus eigener Produktion. Man kann auch kleine Gerichte wie etwa Kichererbsen mit »mojo« oder Tortilla bestellen. Dazu schmecken Brot und im Sommer ein kühles Bier, im Winter fruchtiger Wein. ■ Calle Pérez Galdós 27, Tel. 928 55 33 26, Mo–Fr 10–14.30, 16–20 Uhr

Events

Fiestas de la Virgen Umfangreiches Festprogramm in den ersten drei Augustwochen zu Ehren der Ortspatronin. Karnevalesker Umzug mit Prunkwagen, viel Folklore und Auftritten von »papagüevos« (Dickköpfen, S. 141) in den Straßen. ■ www.descubreguia.com

*Relikt aus vorspanischer Zeit: die waben-
artigen Höhlen des Cenobio de Valerón*

 In der Umgebung

Casa del Queso
| Käsemuseum |

(18) *Hier wird die Produktion des
Blumenkäses dokumentiert*

Der kanarische Landfrauenverein Ce-
res betreibt das »Haus des Käses« im
Bergdorf Montaña Alta. In zwei Mu-
seumssälen erfährt man alles über
den berühmten Blumenkäse von Guía
(S. 146). Mit etwas Glück kann man
auch bei der Herstellung zuschauen. Im
angeschlossenen Laden werden natürlich Käse, aber auch Wein, Marmeladen
und Backwerk aus der Region verkauft.
■ Montaña Alta, 11 km südl. von Guía,
Calle Hoya de la Prensa 14, Tel. 928 55
81 64, www.descubreguia.com, Di–Do,
Sa, So 10–14 Uhr, 1 €, Führung und Probe
4 €, nur Probe 3,50 €

Cenobio de Valerón
| Archäologische Stätte |

(19) *Wabenförmige Höhlen, die einst
wohl als Getreidespeicher dienten*

Wie eine Bienenwabe klebt der Höh-
lenkomplex in einer senkrechten Felswand am Rand eines Barrancos. Früher
glaubten die Archäologen, der Cenobio de Valerón hätte in prähistorischer
Zeit als Kloster für junge Frauen ge-
dient. Inzwischen ist jedoch nachge-
wiesen, dass es sich um einen Kornspeicher mit ungefähr 300 Kammern
handelte. Im Gegensatz zu den anderen Kanareninseln, wo die Viehhaltung
an erster Stelle stand, betrieben die
Ureinwohner Gran Canarias relativ viel
Getreideanbau. Die mindestens 800
Jahre alten Höhlen waren durch Gänge
und Treppen miteinander verbunden,
die ebenfalls zu besichtigen sind.
■ Cuesta de Silva, 3 km östl. von Guía,
www.cenobiodevaleron.com, April–
Sept. Di–So 10–18, sonst 10–17 Uhr,
3 €, erm. 2 €

25 Moya

*Exponiert über einer Schlucht gelegenes
agrarisch geprägtes Städtchen*

 Information

■ Oficina de Turismo, Calle Juan Delga-
do 6, 35420 Moya, Tel. 928 61 23 48, www.
villademoya.es

Hoch über der Küste thront die weiße
Stadt auf einem Bergrücken zwischen
Barrancos. Ihre Schokoladenseite zeigt
sie bei der Anfahrt von Westen über
die kurvenreiche GC-700. Die mächtige Iglesia Nuestra Señora de la Candelaria (1957) überragt nicht nur die
kubischen Häuser bei Weitem, son-

dern fällt auch durch ihre verschachtelte Bauweise aus dem Rahmen. Seit Generationen stellen die Frauen von Moya in Manufakturen süße Backwaren her, darunter die berühmten »bizcochos de Moya«.

 Sehenswert

Casa-Museo Tomás Morales
| Museum |
Aus Moya stammte Tomás Morales (1884–1921), einer der bedeutendsten Jugendstildichters Spaniens. Das Haus seiner Familie ist heute mitsamt dem Originalmobiliar und persönlichen Gegenständen des »Meerespoeten« zu besichtigen, dessen Werk von der Inselumgebung inspiriert wurde.
■ Plaza de Tomás Morales, www.tomasmorales.com, Di–So 10–18 (Juli–Sept. bis 19) Uhr, 2 €

 Cafés

La Pastelería In dem kleinen, familiären Lokal gibt es nicht nur verschiede-

Gefällt Ihnen das?

Der Lorbeerwald von Los Tilos hat Sie fasziniert? Besuchen Sie doch auch den **Jardín Botánico Canario** mit seiner Monteverde-Abteilung (S. 84). Einen ganz anderen Charakter haben die lichten Kiefernwälder in den trockenen Teilen des Gebirges, etwa der **Pinar de Tamadaba** (S. 167).

ne traditionelle Kekse aus dem Ort, sondern auch eine schöne Auswahl an Kaffee, heißen Schokoladen und Kräutertees. ■ Calle Miguel Hernández 13, wechselnde Öffnungszeiten

 In der Umgebung

Charco de San Lorenzo
| Felsschwimmbecken |
Unter den Lavapools an den Klippenküsten Gran Canarias ragt das 75 m lange Naturbecken Charco de San Lorenzo heraus. Von Menschenhand ausgestaltet und mit aller nötigen

Im Blickpunkt

Los Tilos de Moya

Einst war der nördliche Gebirgsabhang von Gran Canaria mit immergrünem Lorbeerdschungel bedeckt. Dieser fiel jedoch im Verlauf der Jahrhunderte der Abholzung zum Opfer. Nur oberhalb von Moya konnte sich im feuchten Barranco del Laurel ein kleiner, knapp 100 ha großer Bestand halten, der heute unter strengem Schutz steht. Über 30 besonders gefährdete Pflanzenarten sind hier vertreten, darunter der Kanarische Gebirgsfingerhut (Isoplexis chalcantha) mit seinen kerzenförmigen, orangeroten Blütenständen. Namengebend war der Stinklorbeer (span. »til«), die imposanteste von mehreren auf den Kanaren heimischen Baumarten der Lorbeerfamilie. Um das Gebiet zu erkunden, biegt man von der GC-700 Guía–Moya in die GC-704 ein und trifft dort auf ein Besucherzentrum (Mo–Fr ca. 8–14 Uhr, Eintritt frei), wo ein 2 km langer, sorgfältig angelegter Rundweg beginnt.

Die Keramikbänke an der Wassertreppe von Firgas stehen für die 21 Gemeinden der Insel

Infrastruktur versehen, lädt es mit Blick auf den Küstenort El Roque zum Badevergnügen in ruhigem Wasser ein, sofern nicht wegen stärkerer Brandung die rote Flagge gehisst werden muss. Kleine Sandflächen und eine breite Rampe machen den Einstieg ins Meer bequemer als in vergleichbaren Anlagen andernorts. Zur Einkehr bieten sich ein Restaurant und ein »chiringuito« (Strandbar) an.

 10 km nördlich von Moya

26 Firgas

Mineralwasserstadt mit sehenswerter, künstlerisch gestalteter Wassertreppe

ℹ Information

■ Oficina de Turismo, Calle El Molino 12, 35430 Firgas, Tel. 928 61 67 47, www.firgas.es

Der Ort ist v.a. für sein Mineralwasser bekannt, das aus Quellen im 5 km oberhalb gelegenen Barranco de la Virgen gewonnen wird. Es findet sich auf den Kanaren in jedem Supermarkt, das Premium-Wasser in der Kristallflasche hat es sogar in die gehobene Gastronomie geschafft. Im alten Stadtkern stehen sich die Iglesia de San Roque und das Rathaus gegenüber, getrennt durch eine parkartige Plaza.

Neben der Kirche beginnt die ganz große Attraktion von Firgas: die 1995 angelegte, von mehreren Künstlern entworfene Treppengasse Paseo de Gran Canaria. In ihrer Mitte plätschert ein 30 m langer Wasserlauf über Kaskaden hinab. Sitzbänke, die mit bunten Fliesen verkleidet wurden, flankieren die Anlage. Auf ihnen sind Sehenswürdigkeiten aus allen Gemeinden der Insel dargestellt, darüber prangen die jeweiligen Stadtwappen. Oben schließt der Paseo de Canarias an, eine steile Fußgängerzone mit Bodenreliefs, auf denen Landschaftsbilder und Wappen aller sieben großen Kanareninseln zu bestaunen sind.

Übernachten

Im vom Tourismus wenig berührten Westen und Nordwesten der Insel gibt es kaum Unterkünfte. Die vorhandenen konzentrieren sich in und rund um Agaete, wo die grüne Landschaft dazu einlädt, mehrere Tage zu bleiben. Der Standard erweist sich dabei als sehr unterschiedlich. Vom Hostel über das schlichte Dorfhotel, die kleine Pension und das feine Landhaushotel bis zum gut ausgestatteten Vier-Sterne-Hotel ist alles dabei.

La Aldea de San Nicolás 136

€ | **Los Cascajos** Kleines, für eine Zwischenübernachtung geeignetes Hotel im Ortszentrum, funktionale Zimmer mit Privatbad. Eine Cafeteria gibt es auch. ◼ Calle los Cascajos 9, Tel. 928 89 11 65, www.hotelcascajos.es

Agaete 138

€ | **Casa Luna** Die hübsche Pension verfügt über drei liebevoll mit viel Meerblau dekorierte Zimmer, einen gemütlichen Aufenthaltsraum und eine möblierte Dachterrasse. Zentrale Lage. ◼ Calle Guayarmina 42, Tel. 928 39 01 69, www.casa-luna.agaete.hotels-gran-canaria.net

€€ | **Puerto de las Nieves** Das farbenfroh im maritimen Stil eingerichtete Hotel bietet 18 Suiten und zwölf Zimmer. Mit angenehmer Lounge und Spabereich mit Pool und Sauna. Gratis-Parkplätze. ◼ Avda. Alcalde José de Armas, Tel. 928 88 62 56, www.hotel puertodelasnieves.es

€€€ | **Cordial Roca Negra** Komforthotel im Boutiquestil über den Klippen am Meer. Geräumige Zimmer, großzügige Liegefläche mit Pool und Kinderbecken. Auch ein Spa-Parcours gehört zu den Annehmlichkeiten.

In Fußgängerentfernung von Puerto de las Nieves. ◼ Avda. Alfredo Kraus 42, Tel. 928 89 80 09, www.becordial.com

Valle de Agaete 141

(20) €€ | **Las Longueras** Das Landhotel in einer herrschaftlichen alten Kolonialstil-Finca vom Ende des 19. Jh. liegt absolut idyllisch in einem grünen Tal. Die Zimmer und Suiten sind gehoben rustikal ausstaffiert. Im großen Garten laden Pool und Liegeflächen, am Haus eine schattige Terrasse mit Snackbar zum Entspannen ein. ◼ Valle de Agaete, Tel. 928 89 81 45, www.laslongueras.com

Guía 146

€ | **Camino Art Hostel** Ein Hostel der besonderen Art, weit oberhalb von Guía in einer wilden Schlucht. Hier versammelt sich eine bunte Gästeschar, geselliges Leben ist angesagt. Man wohnt in Höhlenzimmern oder im Mehrbettzimmer, jeweils mit Gemeinschaftsbad ausgestattet, rund um einen lauschigen Innenhof. Die Küchenbenutzung ist möglich. Buchbar über Internetportale. ◼ Hoya de Pineda, Calle Iglesia San Antonio 2, Tel. 633 33 99 03

Das gebirgige, einsame Inselinnere

Karge, schroffe Berge, an deren Hängen Mandelbäume gedeihen, und entlegene Dörfer prägen das Zentrum Gran Canarias

In einer eindrucksvollen Schlucht liegen Arteara und Fataga. Das Bergstädtchen San Bartolomé de Tirajana verwaltet die Ferienorte der Costa Canaria. Üppige Vegetation umgibt das sonnige Santa Lucía, eingeklemmt zwischen bizarren Felsen liegt Ayacata. Ganz Tejeda erscheint wie ein einziger Mirador, altkanarische Höhlen sind das Markenzeichen von Artenara.

In diesem Kapitel:

ADAC Top Tipps:

 Roque Nublo
| Berg |
Der Felsmonolith zählt zu den höchsten Erhebungen der Insel und ist zugleich ihr Wahrzeichen. Eine kurze Wanderung führt zum Plateau unterhalb des schroffen Gipfels. 161

 Acusa Seca
| Höhlendorf |
Schon die Altkanarier lebten mindestens seit dem 6. Jh. in den Höhlen der Felswand. Teilweise werden die rund 40 Höhlenhäuser bis in die Gegenwart hinein bewohnt. 166

ADAC Empfehlungen:

 Degollada de las Yeguas
| Aussichtspunkt |
Vom Mirador genießt man den besten Blick in den Barranco de Fataga, Gran Canarias größte Schlucht. 155

 Dulcería Nublo, Tejeda
| Shop |
Die berühmte Konditorei hat süße Teilchen im Angebot, außerdem Mandelhonig und Süßkartoffelbrot. 162

 Roque Bentayga
| Berg |
Am heiligen Fels der Ureinwohner ist ein prähistorischer Kultplatz zu

besichtigen, zugleich beeindruckt
die herrliche Aussicht. 164

24 Pinar de Tamadaba
| Wald |
Nirgendwo auf Gran Canaria ist der
Kiefernwald ausgedehnter als in die-
sem entlegenen Waldstück, das eine
Rundstraße erschließt. 167

25 Las Tirajanas, San Bartolomé de Tirajana
| Hotel |
Das Berghotel bietet einen wunderbaren Ausblick und überdies jede
Menge Komfort, etwa einen Pool
und den Wellnessbereich. 168

27 Arteara

Ursprüngliches Bauerndorf in einer Palmenoase mit Kamelpark

Wer von der Südküste frühzeitig zum Ausflug in die Berge aufbricht, erlebt Arteara meist im Schatten. Die Sonne klettert erst spät über die hohe Felswand im Osten hinaus. Vielleicht deshalb wird das noch recht traditionelle Oasendorf oft links liegen gelassen, was eigentlich schade ist. Vom großen Erdparkplatz an der Zufahrt geht es zu Fuß weiter. Auf einem ausgewiesenen Rundgang (ca. 2 km) durch das Dorf, dessen Häuser sich wie Perlen an einer Schnur reihen, erfährt man an Informationstafeln Interessantes über Ackerbau, Viehzucht und andere ethnografische Aspekte. Am palmengesäumten Fluss, wo nicht selten im Schilfgestrüpp Wiedehopfe zu beobachten sind, geht es wieder zurück.

Erstaunlich üppige Obstgärten mit Orangen, Feigen und Granatäpfeln gedeihen hier dank des reichlich vorhandenen Wassers gut. Dennoch haben viele jüngere Menschen dem Ort den Rücken gekehrt, manch eines der Bauernhäuser steht zum Verkauf.
Wenn überhaupt einmal etwas los ist, dann auf der winzigen Plaza am Dorfeingang. Der dortige Kinderspielplatz wird genutzt, wenn die Enkel der verbliebenen Bewohner zu Besuch kommen. Es gibt zwei Kamelparks mit Reitmöglichkeit. Einer liegt unmittelbar bei Arteara (mit Cafeteria), der andere an der Straße nach Fataga (S. 155).

◉ **Sehenswert**

Zona Arqueológica
| Prähistorische Nekropole |
Annähernd 900 Gräber legten die Ureinwohner in einem durch einen Bergsturz entstandenen Felsenmeer an. Et-

An der Degollada de las Yeguas liegt Besuchern der Barranco de Fataga zu Füßen

wa vom Jahr 700 an wurden hier bis nach der Conquista Generationen von Altkanariern beigesetzt. Einige der bis zu 2 m hohen Grabhügel sind kegelförmig. Die meisten jedoch wurden unregelmäßig aufgehäuft, dem unebenen Gelände und den unterschiedlich großen Steinen, aus denen sie errichtet wurden, geschuldet. Forscher entdeckten zahlreiche Mumien in dem Gräberfeld, die heute im Museo Canario in Las Palmas (S. 73) ausgestellt sind.

■ Arteara s/n, www.arqueologiacanaria. com, Di–So 10–14 Uhr, 4 €, erm. 2 €

Kinder

Camel Safari Park La Baranda In einer natürliche Oase mit tropischen Obstkulturen werden verschiedene kanarische Nutztiere, etwa Dromedare, Esel, Kaninchen und Truthähne gehalten und dürfen zum Teil auch gefüttert werden. Ausritte auf Kamelen und Eseln für alle Altersgruppen. Bei Paketangeboten steht oft die Begegnung mit dem »küssenden Kamel« Don Gustavo auf dem Programm. Mit Cafeteria. ■ Ruta de Fataga, GC-60, Km 14, Tel. 928 79 86 80, www.camelsafarigrancana ria.com, Sommer tgl. 9–18 Uhr, im Winter nur nach Vereinbarung, Kamelritt 20 Min. 15 €, erm. 7,50 €, Paket mit Transfer z. B. ab Maspalomas mit Kamelritt (1 Std.), Barbecue und geführter Gartenbesichtigung 35 €, erm. 17,50 €

In der Umgebung

Degollada de las Yeguas
| Aussichtspunkt |

 Von dem Gebirgspass blickt man in ein beeindruckendes Tal

Von Süden kommend stellt der 480 m hohe Pass nach kurvenreicher Fahrt das Eingangstor in den Barranco de Fataga dar. Er bietet den besten Blick in diese größte Schlucht Gran Canarias, in der man sich ins nordafrikanische Atlasgebirge versetzt fühlt. Im feuchten Talgrund wachsen Palmen, an den Flanken ragen schroffe Felswände auf. Auf einem Absatz ganz oben im Tal »hängt« das weiße Dorf Fataga.

28 Fataga

Bilderbuchdorf in landschaftlich herausragender Lage

Ausgangspunkt eines Rundgangs ist die Iglesia de San José (1880), eine typisch kanarische Landkirche mit einem schattigen Platz ringsherum. Von dort geht es zu Fuß bergab durch die schmale Calle Pilar in den weitgehend autofreien, alten Ortskern. Dieser hat das Ambiente eines herausgeputzten Künstlerdorfs. Das alte Waschhaus wurde mit inseltypischen Reliefbildern aufgehübscht, winzige Läden verkaufen Wein, Brot und Gebäck, manchmal steht ein Esel dekorativ im Weg. Keinerlei hässliche Neubauten stören das Bild. Oft sind in den Treppengassen mehr Touristen unterwegs als Einheimische. Das wirkliche Leben spielt sich draußen an der Durchgangsstraße ab, wo sich die Handvoll Bars, Cafeterias und Restaurants im Laufe des Vormittags schnell mit Radfahrern und Ausflüglern füllen.

Parken

Wer frühzeitig eintrifft, parkt an der Zufahrtsstraße gratis. Ansonsten gibt es einen privaten Parkplatz schräg gegenüber der Kirche (pauschal 1 €, auch Wohnmobile).

⟨ Restaurants

€ | El Labrador Untergebracht in einem inseltypischen Haus direkt an der Hauptstraße mit familiärer Atmosphäre. Spezialitäten sind T-Bone-Steak und Lamm. ■ Calle Néstor Álamo 23, Tel. 928 79 85 50, tgl. 7.30–23 Uhr

€€ | El Albaricoque Nettes Terrassenlokal mit Blick über Ort und Tal. Mediterrane Küche, auch für Vegetarier und Veganer. ■ Calle Néstor Álamo 4, Tel. 928 79 86 56, Sa–Do 10–17 Uhr

Einkaufen

Bodega El Caserío In 700–900 m Höhe gedeihen die Reben der typisch kanarischen Sorte Listán Negro, die in der kleinen Kellerei zu aromatischem Rotwein verarbeitet werden. ■ Bajada La Socorra 6 (ab südl. Ortseingang ausgeschildert), Tel. 928 79 82 71, tgl. geöffnet

In der Umgebung

Molino de Agua
| Mühle |

Um die 1880 erbaute Wassermühle in Augenschein zu nehmen, fährt man am besten in den gleichnamigen Ferienkomplex (S. 168) hinein. Am unteren Rand der dortigen Palmenoase, am Parkplatz vor dem Restaurant, bietet der Mirador del Molino den besten Blick auf die restaurierte und unter Denkmalschutz gestellte Mühle. Ein 22 m langes Aquädukt führt ihr das Wasser zu, das ganzjährig durch das angrenzende Bachbett fließt. Bis 1960 ließen hier alle Landwirte des Barranco de Fataga Mais, Weizen und Gerste zur Herstellung von Gofio mahlen.

■ GC-60, Km 31, www.elmolinodeagua.com

29 San Bartolomé de Tirajana

Zentraler Bergort mit lauschigen Plätzen und einem Hauch von Urbanität

Kaum zu glauben, aber in dem Gebirgsstädtchen ist die Verwaltung des Ferienortes Maspalomas-Costa Canaria ansässig. Oft wird San Bartolomé de Tirajana auch einfach Tunte genannt, so lautete der altkanarische Name für das Gebiet. In der Umgebung, wo v. a. Mandelbäume und Kaktusfeigen gedeihen, kann man Landwirten begegnen, die bei der Feldarbeit noch den traditionellen, topfförmigen Strohhut tragen. Fast schon urban wirkt hingegen das Ortszentrum. Die autofreie Plaza de Santiago zwischen Pfarrkirche und Rathaus bietet den Gemeindemitarbeitern Raum für eine Raucherpause und ein informelles Gespräch, bevor es zurück ins Büro geht. Flamboyants lassen hier in den Sommermonaten ihre feuerroten Blüten sprießen.

Ein Plan neben dem Rathaus zeigt zehn touristische Sehenswürdigkeiten, die ihrerseits mit Informationstafeln versehen sind. Zu diesen zählt etwa die 1997 entstandene Skulptur »Homenaje a la mujer Tirajanera« von Luis A. Montull in der angrenzenden Calle Reyes Católicos. Sie ehrt die Bewohnerin von Tirajana, die mit dem bäuerlichen Kopftuch in sitzender Haltung dargestellt ist. Das Material, rötlicher Trachyt, stammt von Fuerteventuras heiligem Berg Montaña Tindaya.

An der lauschigen Plaza Tenderetunte, wo Bänke und Straßencafés zur Rast einladen, ist eine vergrößerte Kopie des »Ídolo de Tirajana« zu bewundern. Das Original der altkanarischen Fruchtbarkeitsstatuette aus Terrakotta, die

In San Bartolomé fallen die Beschlüsse über die Investitionen an der Costa Canaria

in der Caldera de Tirajana gefunden wurde, befindet sich heute im Museo Canario in Las Palmas (S. 73).

 Sehenswert

Parroquia de San Bartolomé
| Kirche |
Die in ihrer heutigen Form 1911 fertiggestellte, imposante Pfarrkirche ist eine wichtige Station auf dem kanarischen Jakobs-Pilgerweg, der in drei Etappen von Maspalomas nach Gáldar führt. In der Kirche werden zwei Bildnisse von Jakobus dem Älteren verehrt. Die ältere Figur Santiago El Chico mit Kreuz und Schwert in den Händen brachten angeblich im 15. Jh. galicische Seeleute auf die Insel. Eine zweite, größere Statue kam 1913 hinzu, sie zeigt den Apostel zu Pferd im Kampf gegen die Mauren. Das kleine Südportal Puerta Santa, wohl der Eingang einer Vorgängerkirche aus dem Jahr 1590, wird nur in den Heiligen Jakobsjahren benutzt, also immer dann,

wenn der Tag des hl. Jakobus (25. Juli) auf einen Sonntag fällt.
■ Plaza de San Bartolomé 1, Mo–Fr 9–17, Sa 9–21, So 9–17 Uhr

P Parken

Ein recht zentraler Parkplatz (gratis) befindet sich am Nordrand des Ortskerns, nördlich der GC-60.

 Restaurants

€ | **D'Romería** Einfaches, inseltypisches Lokal, unten die Bar mit Tischen vor der Tür, oben der Speiseraum. Auf den Tisch kommt Hausmannskost, etwa Ziegenfleisch. ■ Calle Reyes Católicos 2, Tel. 928 12 70 20, tgl. geöffnet
€€ | **Santiago el Grande** Ausflugslokal mit großartigem Ausblick und traditionellen Gerichten, teils mit biologischen Produkten vom eigenen Bauernhof. ■ Calle Oficial Mayor José Rubio, Tel. 928 12 30 00, Gastrobar tgl. 11–13.30, 17–19, Restaurant 13.30–17, 19–22 Uhr

Diese Skulptur in San Bartolomé de Tirajana schuf der Künstler Luis Montull

 Cafés

La Panera de Tunte In der Traditionskonditorei von 1948 kann man frische Mandeltörtchen und belegte Brote verzehren. Ab September werden hier frisch geerntete Mandeln verkauft. ■ Calle Reyes Católicos 12, Tel. 928 12 74 28, Mo–Sa 7.30–20, So 7.30–15 Uhr

 Events

Bajada de Santiago El Chico Eine wunderschöne Prozession mit traditionell gekleideten Tänzern und Musikern begleitet den »kleinen Jakobus« vom Pinar de Santiago, wo er bis 1849 in einer Ermita aufbewahrt wurde, nach San Bartolomé hinab. Meist am Samstagabend vor dem 25. Juli. ■ Pinar de Santiago, GC-604 Richtung Embalse

de Chira, 3 km westl. von San Bartolomé, Zubringerbusse für die Festteilnehmer

30 Santa Lucía de Tirajana

In eine Gartenlandschaft eingebettetes Bergdorf am Ende eines Barrancos

Weiße Häuser mit roten Ziegeldächern stehen in einem fruchtbaren Hochtal unter Palmen. Die heutige Pfarrkirche stammt von 1905 und ist ein Beispiel für den seinerzeit auf den Kanaren aktuellen, eklektizistischen Stil. Meist nur anlässlich von Hochzeiten und anderen Feiern belebt sich der weite Platz davor. Gepflegte Pflastergassen ziehen durch den Ort, dessen Bewohner viel Wert auf die Blumen vor ihren Häusern legen. Eine attraktive Kulisse bilden weiter oberhalb die Felswände des gewaltigen Talkessels Caldera de Tirajana, durch den eine Fahrt auf der schmalen Panoramastraße GC-654 lohnt.

Gefällt Ihnen das?

Wenn Sie der Eklektizismus anspricht, sollten Sie vielleicht auch die **Pfarrkirche von Vega de San Mateo** (S. 90) anschauen. Allmählich abgelöst wurde dieser ab 1860 gepflegte Stil vom Modernismo (spanischer Jugendstil), dessen berühmtestem Inselkünstler **Néstor de la Torre** sich in Las Palmas ein Museum widmet (S. 78).

 Sehenswert

Museo Castillo de la Fortaleza
| Heimatmuseum |
Der Exzentriker Vicente Sánchez Araña ließ das burgartige Gebäude vor ei-

nem halben Jahrhundert errichten, um seine Privatsammlung unterzubringen. Diese umfasst mehr als 600 prähistorische Funde, etwa aus der Caldera de Tirajana und dem Barranco de Guayadeque. Zu den wertvollsten Stücken zählt eine altkanarische Mumie. Knochenreste von Menschen und Tieren sind ebenso vertreten wie Keramik sowie Werkzeuge und Gebrauchsgegenstände aus Stein, Holz und Pflanzenfasern. Jetzt planen seine Erben in Zusammenarbeit mit Gemeinde und Inselregierung ein neues, modern gestaltetes Museum.

■ Calle Juan del Río Ayala 2, unregelmäßig geöffnet, 2 €

Restaurants

€€ | **El Mirador** Das Aussichtslokal besitzt eine geräumige Terrasse sowie einen zeitgemäß dekorierten Innenraum. Auf den Tisch kommt ein gutes kanarisches Essen wie Kichererbseneintopf oder Ziegenragout. ■ Calle Maestro Enrique Hernández 5, Tel. 928 79 80 05, tgl. 11–22 Uhr

Kinder

Burro Safari Las Tirajanas Über 40 Esel sind hier stationiert und warten auf kleine oder auch größere Reiter. Außerdem leben Kaninchen, Schafe und andere Tiere auf der Farm. Im Eintrittspreis ist außer dem Ritt auf dem Esel ein Lunch mit Käse aus eigener Produktion, Oliven, »papas arrugadas« und Paella eingeschlossen, der auf rustikalen Bänken im Freien eingenommen wird. ■ El Morisco (GC-654 Richtung Taidía), www.burrosafari.com, Di–So 10–17 Uhr, 10 €

In der Umgebung

La Fortaleza
| Landschaft |
Die Felsgruppe zählt zu den wichtigsten archäologischen Stätten auf Gran Canaria. Über die GC-651 wird zunächst

Die alten Häuser von Santa Lucía sind zum größten Teil mit weißer Kalkfarbe bemalt

Südlich von Santa Lucía eröffnet sich am Mirador La Sorrueda ein weiter Blick

das Centro de Interpretación La Fortaleza erreicht. Im Besucherzentrum veranschaulicht ein Video, wie die Ureinwohner vor rund 800 Jahren lebten. Außerdem sind archäologische Funde aus der Gegend sowie Nachbildungen einer Wohn- und einer Grabhöhle, jeweils in Originalgröße, zu sehen. Der angeschlossene Souvenirshop vertreibt lokale Produkte.

Auf der Weiterfahrt lohnt der kurze Abstecher zum Mirador La Sorrueda, einer Aussichtsplattform mit Blick auf den Stausee Embalse de Tirajana im gleichnamigen Barranco. Dann geht es zum Erdparkplatz bei der markanten Felskuppe Fortaleza Grande (auch Fortaleza de Ansite), neben der die kleineren Felsen Fortaleza Chica und Titana aufragen. In den Flanken der Steilwände befinden sich zahlreiche Höhlen, der untere Bereich kann zu Fuß erkundet werden. Hier sollen sich die letzten Ureinwohner verschanzt haben, bevor sie am 29. April 1483 vor den spanischen Truppen kapitulierten.

Angeblich stürzten sich ihr Anführer Bentejuí und der Priester Tazarte von den Felsen in den Tod. Diese Begebenheit wird heute in Zweifel gezogen. Vielmehr scheint das Gebiet ein bedeutender Kultplatz der Altkanarier gewesen zu sein. Darauf deuten sowohl die zahlreichen Felsritzungen am Gipfel der Fortaleza Grande als auch mit rituellen Handlungen in Verbindung gebrachte Steinstrukturen hin.

■ 4 km östl. von Santa Lucía de Tirajana, www.lafortaleza.es, Besucherzentrum Di–So 10–17 Uhr, 4 €, erm. 2 €, La Fortaleza frei zugänglich

Ayacata

Kleiner, einsamer Ort mitten im Bergland, wo sich zwei Straßen kreuzen

Das Bergdorf zeichnet sich durch seine Lage zwischen steil aufragenden, bizarren Felsen aus. In der zentralen Straßenkurve firmieren zwei Bars als »Bike Stop«. Ansonsten ist das Bemerkenswerteste in Ayacata die Tatsache, dass hier vier Landstraßen in verschiedene Himmelsrichtungen abzweigen.

Restaurants

€€ | **Viera** Das Lokal pflegt einen modernen kanarischen Stil, das Ambiente ist zwanglos. Feine Tapas, kreative kleine Gerichte, Salate und nette Desserts. ◼ Ctra. GC-60 15, Tel. 628 02 14 76, Fr–Mi 10–17 Uhr, Do geschl.

In der Umgebung

Roque Nublo
| Berg |

 Der markante Felsmonolith ist ein beliebtes Ziel für Wanderer

Auf einer Gipfelebene thront weithin sichtbar der 65 m hohe »Wolkenfelsen«, flankiert von dem kleineren Roque Rana (»Froschfelsen«). Beide bilden gemeinsam das oft abgebildete Wahrzeichen von Gran Canaria. Es handelt sich um Reste eines Vulkanschlots, der sich gegen Ende der Eruptionen mit festem Basaltgestein füllte. Später erodierte das umliegende, weichere Tuffgestein und hinterließ die markanten Monolithen.

Der Roque Nublo erreicht 1813 m über dem Meer und ist damit die zweithöchste Erhebung der Insel. Dennoch kann zumindest sein Fuß recht mühelos erwandert werden, ausgehend von der Passhöhe Degollada de La Goleta (großer Parkplatz). Auf einem gut ausgeschilderten Weg, an dessen Rand im Frühjahr Ginster und Natternköpfe blühen, und später weglos über flaches Felsgelände ist man hin und zurück insgesamt 1,5 Std. unterwegs. ◼ GC-600, Km 11,5, 2 km nördl. von Ayacata

32 Tejeda

Das ganze Bilderbuchdorf ist ein Mirador mit schönen Aussichtslokalen

Information

◼ Punto de Información Turística, Calle Leocadio Cabrera 2, 35360 Tejeda, Tel. 928 66 61 89, www.tejedaturistica.com

Rund um Tejeda gedeihen zahlreiche Mandelsträucher. Im Januar/Februar stehen sie in voller Blüte. Aber auch in den übrigen Monaten lohnt der Besuch. Das Geschehen spielt sich unterhalb der Durchgangsstraße ab, wo parallel die alte Dorfstraße verläuft, die überwiegend nur an der Bergseite bebaut ist. Ihre dem Tal zugewandte Seite ist auf rund 500 m Länge eine Aussichtsterrasse, auf die mehrere stimmungsvolle Restaurants ihre Tische stellen. Übrigens ist das Mobiliar durchweg nicht aus Plastik, sondern aus Holz. Auch Reklameschilder sind sehr dezent gehalten, um das gepflegte Ortsbild nicht zu beeinträchtigen. Unterbrochen wird der lang gezogene Mirador lediglich durch einen Bergsporn, auf dem sich – ausgehend von Kirche und Rathaus – Wohnbebauung steil nach Westen hinunterzieht. Im nördlichen Bereich ist der Dorfstraße ein idyllischer Stadtpark mit Bänken unter Weinlauben vorgelagert.

Sehenswert

Museo de Esculturas Abraham Cárdenes
| Kunstmuseum |

Einer der bekanntesten kanarischen Bildhauer des 20. Jh., Abraham Cárdenes (1907–1971), stammte aus Tejeda.

ADAC *Wussten Sie schon?*

> Die **Kanarische Kiefer** ist nicht nur resistent gegen Feuer – eine Anpassung an die vulkanische Umgebung, die heute bei Waldbränden von Nutzen ist. Sie lieferte auch das wertvolle Holz für die kanarischen Balkone und Treppengalerien, das heute aus Naturschutzgründen nicht mehr geschlagen werden darf. Und sie fängt mit ihren feinen, langen Nadeln die knappe Feuchtigkeit aus dem Wolkennebel ein, womit sie ganz nebenbei die Grundwasservorräte auffüllt. Nicht selten wird der ursprünglich nur auf den Kanaren heimische Baum mit der Pinie verwechselt, die hier jedoch gar nicht vorkommt.

Das kleine Museum im Gebäude der Touristeninformation zeigt Teile seines von den Bergen inspirierten Werks sowie wechselnde Ausstellungen. ■ Calle Leocadio Cabrera 2, Di–Fr 11–15, Sa 11.30–14.30, So 11.30–16 Uhr, Eintritt frei

Centro de Plantas Medicinales

| Heilpflanzenzentrum |

Ein Kräutergarten umgibt die ehemalige Dorfschule, in der heute eine Ausstellung die medizinischen und kulinarischen Verwendungszwecke vieler kanarischer Pflanzen sowie ihre Symbolik thematisiert. Auch typische Produkte aus Tejeda wie Bittermandelöl oder Berghonig spielen dabei eine Rolle. Zu sehen ist auch eine Originalapotheke aus dem 19. Jh. In der kleinen Cafeteria werden Kräutertees ausgeschenkt. Nebenan lädt ein Picknickplatz zur Rast ein.

■ Calle Párroco Rodríguez Vega 10, Di–Sa 11–15.30, So 11–16 Uhr, Eintritt frei

 P **Parken**

Parken ist überall gebührenfrei. Einen zentralen Parkplatz gibt es neben der Kirche (Zufahrt über Avenida Alfredo Kraus). Bei starkem Andrang kann man auf die Umgehungsstraße GC-60 (Parklücken) oder auf den dort ausgeschilderten »Aparcamiento« in der Calle Manuel Hernandez Guerra (sehr steile Zufahrt, unmittelbar oberhalb des Ortszentrums) ausweichen.

 Restaurants

€€ | **El Almendro** Großartiger Ausblick über die Bergwelt und appetitlich angerichtete kanarische Gerichte. Der Schwerpunkt liegt auf Gegrilltem. ■ Avda. de los Almendreros 20, Tel. 928 66 65 25, So, Mo 11–18, Di–Do 11–22.30, Fr, Sa 11–23.30 Uhr

€€ | **El Labrador** Die vielleicht schönste Terrasse von Tejeda, mit guter Sicht nach Artenara. Mediterrane Küche. ■ Calle Ezequiel Sánchez 6, Tel. 928 66 66 60, tgl. 10–20 Uhr

€€ | **Sabores** Eine der beliebtesten Adressen im Ort, viele einheimische Gäste. Serviert wird eine inseltypische Küche. Mit nettem Außenbereich an der Kirche. ■ Calle Leocadio Cabrera 4, Tel. 685 87 98 49, tgl. 12–16, 19–23 Uhr

 Einkaufen

 Dulcería Nublo Die süßen Teilchen aus dieser Konditorei werden inselweit gelobt. Viel Blätterteig, Creme und Pudding, v. a. aber die rund um den Ort angebauten Mandeln finden Verwendung. Ideal als Souvenir

Das Bergdorf Tejeda schmiegt sich malerisch an die Flanke der Caldera de Tejeda

eignet sich der fast schon legendäre Mandelhonig, einen Versuch wert ist auch das »pan de batatas« (Süßkartoffelbrot). ■ Calle Dr. Domingo Hernández Guerra 15, Mo–Fr 9–20, Sa 9.30–20, So 9.30–18 Uhr

Gefällt Ihnen das?

Nicht nur die Backwaren aus der Dulcería Nublo sind eine Sünde wert. In **Vega de San Mateo** produziert eine Konditorei ein unvergleichliches Marzipan (S. 90), aus **Moya** stammen dagegen luftige Biskuits (S. 148).

 Events

Fiesta del Almendro en Flor Das Mandelblütenfest findet meist am ersten Februarwochenende statt. Drei Tage lang bieten Stände Süßigkeiten aus Mandeln – u.a. Bienmesabe (Mandelcreme) – und traditionelle Speisen an. Dazu gibt es Tanzvorführungen und Folkloremusik. Mit Kunsthandwerker- und Bauernmarkt, Eselreiten und weiteren Attraktionen. ■ Eintritt frei

 In der Umgebung

Cruz de Tejeda
| Gebirgspass |
An dem mit 1520 m höchsten Pass Gran Canarias treffen mehrere Bergstraßen zusammen. Hier bietet sich einer der schönsten Blicke der Insel weit ins zentrale Gebirge mit seinen schroffen Felsspitzen hinein. Ein verheerender Waldbrand erfasste das Gebiet im September 2017. Auf rund 3000 ha Fläche fielen Kiefernwald und Gebüsch am Nordrand der Berge den Flammen

zum Opfer. Es wird noch Jahre dauern, bis sich die Vegetation erholt haben wird. Dennoch lohnt nach wie vor der Besuch. Am Parkplatz breiten Souvenirstände ihr buntes Warenangebot aus, und zwei Lokale sorgen für das leibliche Wohl der Gäste.

Vor dem Parador aus den 1930er-Jahren ragt ein steinernes Christuskreuz auf, das der Passhöhe den Namen gab. Links daneben, wo heute die Bushaltestelle liegt, bewunderte 1910 der baskische Philosoph Miguel de Unamuno den Ausblick auf die Bergwelt mit den Felsmonolithen Roque Nublo und Roque Bentayga und nannte sie poetisch ein »Gewitter aus Stein«. Demnächst soll hier ein großzügiger Mirador ent-

stehen. Bis es so weit ist, kann man nebenan dem ausgeschilderten Wanderweg ein paar Meter nach Nordwesten folgen und von dort die Sicht genießen.

Roque Bentayga
| Berg |

(23) *Am heiligen Fels der Ureinwohner ist ein alter Kultplatz zu sehen*

Der 1414 m hohe, rötliche Felsmonolith, eine der auffälligsten Gesteinsformationen auf Gran Canaria, war den Ureinwohnern offenbar heilig. An einer Kultstätte (»almogarén«) an seinem Fuß brachten sie ihrer Gottheit in einer Felsmulde Milchopfer dar. In den nahegelegenen Höhlen sollen sich im 15. Jh. Altkanarier verschanzt

Von Artenara bietet sich auf 1250 m Höhe ein wunderbarer Blick auf den Roque Nublo

haben, die den spanischen Eroberern Widerstand leisteten.

Wie ein Adlerhorst wurde unterhalb des Berges ein Besucherzentrum in die Landschaft gefügt. 2018 wurde es nach Umbauarbeiten wiedereröffnet. Bei der Modernisierung der Ausstellung fand auch Berücksichtigung, dass die archäologische Fundstätte für das Prädikat UNESCO-Welterbe kandidiert. Eine Kurzwanderung führt auf aussichtsreicher Strecke an einigen Höhlen vorbei zu dem Opferplatz (mit Rückweg 45 Min.). Wer mag, kann täglich um 10.30 oder 13.30 Uhr an geführten Wanderungen teilnehmen, wobei sich eine vorherige Anmeldung empfiehlt.

■ GC-671, tgl. 9.30–16.30 Uhr, Eintritt frei

33 Artenara

Höchstgelegenes Inseldorf mit zahlreichen Höhlenwohnungen rundherum

ℹ Information

■ Oficina de Turismo, Camino de La Cilla 11, 35350 Artenara, Tel. 928 66 61 17, www.artenara.es

In 1250 m Höhe hängt Artenara, bei der Anfahrt von Süden abenteuerlich anzusehen, über dem Rand des weiten Talkessels Caldera de Tejeda. Hier harren heute noch ungefähr 500 Bewohner aus. Nicht wenige leben wie seit unzähligen Generationen in Höhlenwohnungen, die oft nach außen eine normale, blumengeschmückte Hausfassade zeigen, nach hinten aber in den Berg hineingegraben sind.

Ganz konventionell wurde hingegen 1870 die Iglesia de San Matías errichtet. Sie lohnt v. a. wegen ihrer sorgfältig geschnitzten Artesonado-Holzdecken sowie der goldfarbenen Fresken aus den 1960er-Jahren in den Chorräumen der drei Schiffe unbedingt einen Besuch. Die kurze Fußgängerzone davor, mit Sitzbänken und Café, ist Dreh- und Angelpunkt im Ort. Hier ist in östlicher Richtung die Höhlenkapelle La Cuevita ausgeschildert. Ihr niedriger Innenraum birgt Altar und Kanzel aus rötlichem Tuffgestein und eine Madonnenfigur, die Missionare schon im 14. Jh. von Mallorca mitgebracht haben sollen.

Wer stattdessen vom Kirchplatz nach Westen der Beschilderung zum Mirador La Cilla folgt, gelangt zu einer Panoramaterrasse mit Christusfigur. Der noch perfektere Blick auf Gran Canarias zerklüftete Bergwelt bietet sich allerdings vom eigentlichen Mirador.

Im Blickpunkt

Ein Aussichtsberg

Nur wenige Wanderungen auf Gran Canaria haben einen Gipfel zum Ziel. Hier ist eine. Der Altavista (1376 m) bietet einen großartigen Panoramablick über Bergwelt und Westküste und ist zugleich recht einfach zu bezwingen. Ausgangspunkt ist ein kleiner Parkplatz mit Wandertafel am Mirador del Sargento. Auf und ab geht es durch lichten Kiefernwald und an einem Bergkamm entlang zu einem Pass. Jenseits davon erfolgt der nun recht steile Anstieg zur Gipfelsäule des Altavista. Der Rückweg entspricht dem Hinweg, insgesamt ist man 3,5 Std. unterwegs (mittelschwer, 500 Höhenmeter Auf- und Abstieg). GC-216 Richtung Pinar de Tamadaba, Km 1,4

Dieser versteckt sich unter einem Felsüberhang und ist durch einen Tunnel, die ehemalige »cilla« (Lagerraum für den Kirchenzehnten), zu erreichen. Das gleichnamige Lokal stellt Tische auf den Aussichtsbalkon.

 Parken

Zahlreiche Parkbuchten (gratis) an der nördlichen Durchgangsstraße GC-21.

 Restaurants

€ | **La Casa del Correo** In der einstigen Post, mit Tischen in der Fußgängerzone. Die Küche ist authentisch kanarisch. ■ Plaza San Matías 5, Tel. 928 66 64 58, Di–Sa 10–2, So 10–19.30 Uhr

€€ | **Cueva del Molino** Innen uriges Höhlenlokal, außen schattige Terrasse an der Durchgangsstraße. Traditionelle Küche. ■ Avda. Matías Vega 23, Tel. 699 95 22 74, tgl. 10.30–17 Uhr

 Einkaufen

Arte-Gaia Der wunderschön dekorierte Höhlenladen hält Konfitüren bereit, die ohne chemische Zusätze aus verschiedenen auf Gran Canaria angebauten Früchten hergestellt werden. Außerdem gibt es Kräutertees (auch im Ausschank), Gebäck, Oliven und Olivenöl. ■ Camino de La Cilla 17, www.arte-gaia.com, tgl. 11–17 Uhr

 In der Umgebung

Acusa Seca
| Höhlendorf |

10 *Seit 1500 Jahren sind die Höhlen in der Felswand bewohnt*

Höhlenwohnungen sind in den Bergen Gran Canarias keine Seltenheit, in Acusa Seca häufen sie sich jedoch. In altkanarischer Zeit war das Gebiet wegen seines Wasserreichtums offenbar recht früh besiedelt. Es wurden Grabstätten aus dem 4. Jh. gefunden, viele der Mumien des Museo Canario in Las Palmas (S. 73) stammen von hier. Vom Parkplatz an der Zufahrt zum Troglodytendorf geht es zu Fuß weiter, festes Schuhwerk ist anzuraten. Dutzende kleiner Höhlen wurden in die steile Felswand am Rand eines gewaltigen Barrancos gegraben. Bis weit ins 20. Jh. hinein hatte Acusa Seca mehr Einwohner als Artenara. Es gab sogar eine Schule und ein Gefängnis.

Heute lebt fast niemand mehr ständig hier. Manche Behausungen dienen als Wochenenddomizile. Andere hat die

Inselregierung aus Gründen des Denkmalschutzes aufgekauft. Im weiteren Wegverlauf gelangt man zum Granero del Álamo, einem Komplex aus insgesamt 22 Höhlen auf vier Stockwerken, die als Getreidespeicher dienten. Für die Archäologen sind sie eine wahre Fundgrube. Außer den Wandmalereien entdeckten sie hier sogar biologische Schädlingsbekämpfungsmittel früherer Tage, etwa Lorbeerblätter.

■ GC-210, Km 12, 8 km südwestl. von Artenara

Pinar de Tamadaba
| Wald |

24 *Gran Canarias größter Kiefernwald lädt zum Wandern ein*

In rund 1100 m Höhe gedeiht der lichtdurchflutete Kiefernwald von Tamadaba, der größte seiner Art auf der Insel. Eine ca. 6 km lange Ringstraße führt durch ihn hindurch. Unterwegs geben die Baumkronen immer wieder reizvolle Blicke frei, sowohl ins Gebirge als auch zur Nachbarinsel Teneriffa mit Spaniens höchstem Berg, dem Teide

(3718 m). Ein Freizeitgelände bietet sich für ein Picknick an, kleine Wanderwege geleiten durch die Landschaft. In sommerlichen Trockenperioden kann das Gebiet wegen der Waldbrandgefahr schon einmal gesperrt sein. Nicht selten wabert hier jedoch auch Nebel, wovon Flechtenbärte an den Zweigen zeugen. Am schönsten ist es im Frühjahr, wenn die Zistrosen ihre weißen und rosafarbenen Blüten treiben.

■ GC-216, 12 km nordwestl. von Artenara

Caldera Pinos de Gáldar
| Landschaft |

Von einem Mirador blickt man senkrecht in den ungefähr 300 m breiten, 150 m tiefen Vulkankrater. Er wird mit den jüngsten Eruptionen auf Gran Canaria in Verbindung gebracht, die sich vor 3200–1900 Jahren ereigneten. Locker verteilt stehen Kiefern auf dem dunklen, aus Ascheschichten aufgebauten Kraterrand. Im Hintergrund sind die Hügel und Dörfer des Inselnordens auszumachen.

■ GC-21, 5 km nordöstl. von Artenara

Wanderer und Naturliebhaber finden im Pinar de Tamadaba sehr schöne Routen

Übernachten

Im Inselzentrum quartieren sich hauptsächlich Wanderer ein. Es gibt einige nette kleine Hotels. Außerdem werden renovierte Bauernhäuser als Feriendomizile vermietet. Die Preise sind im Schnitt günstiger als an der Küste.

Fataga 155

€ | **Molino de Agua** In eine schattige Palmenoase eingebettet, werden in einem renovierten Gutshauskomplex elf Zimmer vermietet. Sie haben Natursteinwände und Holzbalken an der Decke. Angeschlossen ist ein Ausflugsrestaurant mit Pool. ■ Ctra. General de Fataga, Km 31, Tel. 626 80 27 05, www.elmolinodeagua.com

San Bartolomé de Tirajana 156

㉕ €€ | **Las Tirajanas** Das gefällige Hotel am südlichen Ortsrand punktet mit einem großartigem Ausblick in die Berge. Die komfortablen, rustikal eingerichteten Zimmer haben alle Balkon oder Terrasse. Mit Pool, Wellnessbereich und einem inseltypischen Restaurant. ■ Calle Oficial Mayor José Rubio, Tel. 928 56 69 69, www.hotelrurallastirajanas.com

Tejeda 161

€ | **El Refugio** Berghotel mit zehn Zimmern, traditioneller kanarischer Architektur und handwerklich gefertigtem Mobiliar. Lounge und Terrasse stehen allen Gästen zur Verfügung. ■ Cruz de Tejeda, Tel. 928 66 65 13, www.hotelruralelrefugio.com

€€ | **Fonda de la Tea** Ein gediegenes ländliches Hotel in einem alten Dorfhaus mit schattigem Innenhof. Stilvoll eingerichtete Zimmer, gutes Frühstück, schöne Gemeinschaftsterrasse. ■ Calle Ezequiel Sánchez 22, Tel. 928 66 64 22, www.hotelfondadelatea.com

ADAC *Das besondere Hotel*

Höhlenwohnungen sind seit jeher in den Bergen Gran Canarias verbreitet. Die Menschen wussten das ausgeglichene Raumklima zu schätzen. Inzwischen sind viele der ursprünglichen Bewohner weggezogen. Einige Höhlen in Artenara wurden als komfortable Ferienwohnungen hergerichtet. *Artenatur, Tel. 686 79 58 49, www.artenatur.com, €€*

Beim **ADAC Infoservice**, in den **ADAC Geschäftsstellen** sowie auf dem **Internetportal des ADAC** (adac.de) erhalten Sie Informationen zu den Dienstleistungen des Automobilclubs und zu Ihrem Reiseziel. Als **ADAC Mitglied** können Sie zudem das kostenlose **ADAC TourSet® Gran Canaria – Lanzarote – Fuerteventura** mit vielen Reiseinfos und Karten anfordern oder die **TourSet App** auf dem **Smartphone** oder **Tablet-PC** installieren (adac.de/toursetapp). Rufen Sie bei Notfällen und Pannen den **ADAC Notruf** bzw. den **ADAC Auslandsnotruf** an. Unser Team steht Ihnen rund um die Uhr zur Verfügung.

ADAC Infoservice

Tel. 0 800/510 11 12
Infos zu allen ADAC Leistungen
(Mo–Sa 8–20 Uhr, gebührenfrei)

ADAC Notruf Deutschland

Tel. 0 180/222 22 22
(24 Std., ca. 6 ct/Anruf, max. 42 ct/Min.
aus deutschem Mobilfunknetz)

ADAC Notruf Mobil-Kurzwahl

Tel. 22 22 22
(Gebühren variieren je nach
Netzbetreiber)

ADAC Auslandsnotruf

Tel. +49/89/22 22 22
(Gebühren variieren je nach
Netzbetreiber und Land)

Internet-Serviceangebote des ADAC für Ihre Reiseplanung

Service	Webadresse
Aktuelle Verkehrslage	adac.de/verkehr
ADAC Routenplaner	adac.de/maps
Infos zu Tankstellen und Spritpreisen	adac.de/tanken
Infos zu mautpflichtigen Strecken	adac.de/maut
Infos zu Fährverbindungen	adac.de/faehren
ADAC TourMail (Aktuelle Infos vor Anreise)	adac.de/tourmail
Informationen für Camper	adac.de/camping
Informationen für Motorradfahrer	adac.de/motorrad
Informationen für Segler und Skipper	adac.de/sportschifffahrt
ADAC Reiseangebote	adacreisen.de
ADAC Autovermietung	adac.de/autovermietung
ADAC Versicherungen für den Urlaub	adac.de/versicherungen
Weltweite Preisvorteile für ADAC Mitglieder	adac.de/vorteile-international

Diese **Produkte des ADAC** könnten Sie interessieren: **ADAC Reiseführer Teneriffa**, **ADAC Reiseführer Fuerteventura** und **ADAC Reiseführer Lanzarote** – erhältlich im Buchhandel, bei den ADAC Geschäftsstellen und in unserem ADAC Online-Shop (adac.de/shop).

Anreise und Einreise

Auto und Autofähre

Von Südspanien verkehren zwei Autofähren pro Woche zu den Kanaren mit Stopp u.a. in Las Palmas (Gran Canaria). **Acciona Trasmediterránea** (www.trasmediterranea.es) startet in Cádiz, **Naviera Armas** (www.navieraarmas.com) in Huelva (Dauer je ca. 40 Std.). Zwei Personen zahlen mit Pkw in der Zweibettkabine hin und zurück ca. 1800 €, mit Wohnmobil ab 2000 €. Die Anfahrt nach Cádiz bzw. Huelva dauert ab Deutschland zwei bis drei Tage. Die Autobahnen in Frankreich und Spanien sind z.T. mautpflichtig (100–130 € pro Strecke für einen Pkw).

Bahn und Bus

Die Anreise per Bahn oder Bus von Deutschland zur Fähre nach Cádiz oder Huelva (s.o.) gestaltet sich recht umständlich und kommt als Alternative zu einem Flug kaum in Frage.

Flugzeug

Die ab Mitteleuropa mit Abstand schnellste (4–5 Std.) und preisgünstigste Form der Anreise nach Gran Canaria ist der Flug. Hin und zurück kostet er je nach Flugtag und Gepäckmenge zwischen 100 und 1000 €. Gran Canaria wird ganzjährig von vielen Flughäfen in Deutschland, Österreich und der Schweiz z.B. von Eurowings (www.eurowings.com), Condor (www.condor.com), TUIfly (www.tuifly.com), Germania (www.flygermania.com), Ryanair (www.ryanair.com) und Norwegian (www.norwegian.com) angeflogen. Der **Aeropuerto de Gran Canaria** (www.aena.es) liegt an der Ostküste der Insel, 24 km südlich von Las Palmas und 29 km nordöstlich der Costa Canaria. Eine Taxifahrt zu diesen Zielen kostet ca. 35 bzw. 40 €. Flughafenbusse der Gesellschaft GLOBAL (www.globalsu.net) fahren tagsüber häufig nach Las Palmas (Linien 60, 90, 91; San Telmo 2,30 €, Santa Catalina 2,95 €) und zum Faro de Maspalomas (Linie 66; 4,05 €).

Einreise und Dokumente

Bei Anreise aus Ländern des Schengenraums gibt es auf den Kanaren keine oder nur stichprobenartige Grenzkontrollen. Urlauber aus Deutschland, Österreich und der Schweiz müssen jedoch einen noch mindestens drei Monate gültigen Personalausweis oder Reisepass bei sich haben. Für Kinder bis zum vollendeten zwölften Lebensjahr genügt ein Kinderreisepass.

Auto und Straßenverkehr

Führerschein und Papiere

Der nationale Führerschein genügt. Wer mit dem eigenen Fahrzeug anreist, benötigt auch den Kfz-Schein. Die Internationale Grüne Versicherungskarte ist zwar nicht zwingend, wird aber empfohlen, da sie bei einem Unfall die Abwicklung erleichtert. Fahrzeuge mit Euro-Nummernschild brauchen kein Nationalitätskennzeichen.

Tempolimits auf Gran Canaria

(Ausnahmen siehe Verkehrsvorschriften)

Straße	Tempolimit
Autobahn	max. 110 km/h
Landstraße	max. 90 km/h
Ortschaft	max. 50 km/h

Straßennetz und Sicherheit

Das Straßennetz auf Gran Canaria ist sehr gut ausgebaut. Es existieren drei für Pkw geeignete Straßenkategorien.

Zur **Kategorie A** zählen alle Hauptverbindungsstrecken einschließlich der Autobahn. Der **Kategorie B** werden Nebenstrecken oder Straßen innerhalb von Ortschaften zugeordnet. Befestigte Schotterstraßen fallen unter die **Kategorie C**.

Im Inselinneren, an Abschnitten der Westküste sowie in großen Teilen des Nordens sind die Straßen kurvenreich und schmal. Vorsicht ist dort bei Begegnungen mit Bussen oder Lkws geboten. Hinter schwer einsehbaren Kurven können sich Schafherden auf der Fahrbahn befinden. Selten wird man auf Bergstrecken schneller als im zweiten Gang fahren können.

Verkehrsvorschriften

Die erlaubte **Geschwindigkeit** für Pkws (Kasten S. 171) wird nicht selten durch eine Beschilderung gegenüber dem generellen Tempolimit weiter eingeschränkt (etwa in Ortschaften häufig auf 40 km/h, auf Autobahnen auf 80 oder gar 60 km/h). Verstöße werden mit hohen Bußgeldern geahndet, wobei Bußgeldbescheide auch im Heimatland vollstreckt werden können. Die **Promillegrenze** liegt bei 0,5. Für jeden Mitfahrenden ist eine Warnweste mitzuführen, die bei Unfall oder Panne bei Verlassen des Fahrzeugs getragen werden muss. Telefonieren während der Fahrt ist nur über die Freisprechanlage ohne Kopfhörer erlaubt.

Besonderheiten des Straßenverkehrs

Wenn der Vorausfahrende links blinkt, möchte er oft nicht abbiegen, sondern will anzeigen, dass sich vor ihm ein Hindernis befindet und nicht überholt werden soll. Sehr häufig sind Kreisverkehre. Vorfahrt hat, wer sich im Kreisel befindet. Wer die nächste Ausfahrt nehmen möchte, benutzt die rechte Spur. Anderenfalls muss in zweispurigen Kreiseln innen gefahren werden, bis schließlich zum Ausfahren nach rechts gewechselt wird.

Tanken

Das Tankstellennetz auf Gran Canaria ist relativ dicht. Bei längeren Fahrten ins Gebirge oder in den Inselwesten sollte man aber vorher tanken. Im Angebot sind bleifreies Super (95 und 98 Oktan) und Diesel. E10-Kraftstoffe sind nicht üblich. Die **Kraftstoffpreise** liegen dank der weitgehenden Steuerfreiheit deutlich unter dem deutschen und österreichischen Niveau. Autogas ist etwas teurer als in Deutschland und bisher nur an drei DISA-Tankstellen erhältlich: Las Palmas-El Sebadal (Calle Dr. Juan Domínguez Pérez 11), Las Palmas-Vegueta (Avda. Eufemiano Jurado 4) und Maspalomas-Costa Canaria (Ctra. General del Sur, Km 53,4).

Die Zeiten, als Tankstellen noch am Sonntagnachmittag geschlossen waren, sind so gut wie vorbei. Viele öffnen täglich rund um die Uhr, andere bis weit in die Abendstunden hinein.

Parken

In Las Palmas und Playa del Inglés ist das Parken fast überall **gebührenpflichtig**, angezeigt durch blau umrandete Parklücken (Parkautomat, ca. 0,65 €/h). Die grünen Zonen in Las Palmas sind bevorzugt für Anwohner vorgesehen. Alle anderen können dort maximal eine Stunde parken (ca. 1 €/h). An gelb markierten Straßenrändern besteht absolutes **Park- und Halteverbot**. Verstöße werden streng geahndet, es droht sogar Abschleppung. In Parkhäusern und auf kostenpflichtigen offiziellen Parkplätzen, die es v.a. in Las Palmas gibt, zahlt man 0,50–2 €/h. Baulücken wurden mancherorts in private Parkplätze umfunktioniert, auf denen Wärter einen Pauschalbetrag (1–2 €/Tag) kassieren. Viele Hotels bieten ihren Gästen eine Parkmöglichkeit gratis oder gegen Gebühr (8–12 €/Tag). Weitere Hinweise zum Parken finden Sie bei den Ortsbeschreibungen.

Maut

Auf Gran Canaria gibt es keine mautpflichtigen Straßen.

Unfall

Nach einem Unfall sollten Sie sofort anhalten, die Unfallstelle absichern und Erste Hilfe leisten – dabei an das Anlegen der **Warnweste** denken. Bei Personenschäden müssen Sie zwingend die **Polizei** verständigen (Notruf: 112). Ist man mit dem eigenen Auto unterwegs und liegt nur ein Sachschaden vor, empfiehlt sich die Verwendung des »Europäischen Unfallberichts«, der mehrsprachig über den ADAC erhältlich ist. Mietwagenfahrer müssen bei Panne oder Unfall sofort die Mietwagenfirma informieren. Die **Notrufzentrale des ADAC** erreichen Sie bei Fahrzeugpannen und -unfällen unter Tel. +49/89 22 22 22.

Unbedingt Kennzeichen, Name und Anschrift von Fahrern und Haltern der beteiligten Fahrzeuge sowie deren Haftpflichtversicherung und Versicherungsnummer notieren. Außerdem Name von (möglichst neutralen) Unfallzeugen festhalten und die Unfallstelle fotografieren. Unterzeichnen Sie keine fremdsprachigen Schriftstücke, deren Inhalt Ihnen nicht verständlich ist. Lassen Sie sich bei Problemen vom ADAC beraten (Tel. 0800/510 11 12).

Ihre **Schadensersatzansprüche** können Sie entweder bei der gegnerischen Versicherung in Spanien oder über einen Regulierungsbeauftragten der spanischen Haftpflichtversicherung in Deutschland geltend machen, der Ihnen über den Zentralruf der Autoversicherer vermittelt wird.

Zentralruf der Autoversicherer Auskunftsstelle/GDV

◼ Glockengießerwall 1, 20095 Hamburg, Tel. 0800/250 26 00, +49/403 00 33 00, www.gdv-dl.de

Barrierefreies Reisen

Gran Canaria ist recht gut auf Touristen mit Mobilitätseinschränkungen eingestellt. Der Flughafen und die großen Einkaufszentren sind stufenlos zugänglich und bieten barrierefreie Sanitäranlagen, an denen es ansonsten mancherorts noch mangelt. Ebenfalls stufenlos ausgebaut wurden große Teile der Meerespromenaden in den Ferienorten des Südens. **Barrierefreie Strände** mit Rampen sind Playa de Melanera (bei Telde), Playa de San Agustín, Playa del Inglés und Playa de Meloneras. Taxis mit elektrischen Hebeliften stehen auf Anfrage überall auf der Insel zur Verfügung (Socomtaxi, Tel. 928 15 47 77, www.socomtaxi.com). In Las Palmas offeriert die Stadtbusgesellschaft (S. 67) Transporte von Tür zu Tür mit speziell ausgerüsteten Bussen (Reservierung erforderlich). Die Firma Sol Mobility (www.solmobility. com) ist auf barrierefreie Flughafentransfers und Tagesausflüge spezialisiert. Buchung von barrierefreien Hotels und Ferienwohnungen z.B. über www.runa-reisen.de und www.traumferienwohnungen.de.

Diplomatische Vertretungen

Die Auslandsvertretungen Ihres Heimatlandes helfen Ihnen, wenn Sie Reisedokumente verloren haben. Sie vermitteln auch, falls es zu Problemen mit spanischen Behörden kommen sollte.

Deutsches Konsulat
■ Calle Albareda 3, 35007 Las Palmas, Tel. 928 49 18 80, info@las-palmas.diplo.de, www.las-palmas.diplo.de

Österreichisches Honorarkonsulat
■ Avda. de Italia 6 (Hotel Escorial), 35100 Playa del Inglés, Tel. 928 76 13 50, consuladodeaustria@gmail.com, www.bmeia.gv.at

Schweizer Konsulat
■ Urbanización Bahía Feliz, Edificio de Oficinas, Local 1, 35107 Tarajalillo – San Bartolomé de Tirajana, Tel. 928 15 79 79, laspalmasgc@honrep.ch, www.eda.admin.ch/madrid

 ### Feiertage

In Spanien sind zusätzlich zu den Sonntagen 14 arbeitsfreie Tage vorgeschrieben. Sie werden für jede Region alljährlich neu festgelegt. In der Regel sind dies auf den Kanaren:
1. Januar (Neujahr), 6. Januar (Dreikönigsfest), Gründonnerstag, Karfreitag, 1. Mai (Tag der Arbeit), 15. August (Mariä Himmelfahrt), 12. Oktober (Tag der Entdeckung Amerikas), 1. November (Allerheiligen), 6. Dezember (Tag der Verfassung), 8. Dezember (Mariä Empfängnis), 25. Dezember (Weihnachten). Hinzu kommt auf Gran Canaria der 8. September (Inselfeiertag). Fällt einer dieser Tage auf einen Sonntag, ist entweder der Montag arbeitsfrei oder es wird ein anderer Feiertag bestimmt,

z.B. der 30. Mai (Kanarentag) oder der 25. Juli (Tag des Apostels Jakob). Jede Gemeinde weist außerdem zwei örtliche Feiertage aus.

 ### Geld und Währung

Die Kanarischen Inseln zählen zur Eurozone. **Bankautomaten** für Kreditkarten und Debitkarten (»EC-Karten«), die auch in deutscher Sprache zu bedienen sind, stehen bei jeder Bankfiliale oder in Hotels und Einkaufszentren. Viele Geschäfte, Hotels, Restaurants, Tankstellen und Autovermietungen akzeptieren Kreditkarten und EC-Karten. Für den **Umtausch** von Nicht-Euro-Währungen (z.B. Schweizer Franken) kommen Banken (geöffnet meist Mo–Fr 9–14, Sept.–Juni auch Sa 9–13 Uhr), Wechselstuben und Hotelrezeptionen in Frage. Am Flughafen gibt es eine Wechselstube im Ankunftsbereich.
Im Innenteil des Reiseführers finden Sie ADAC Spartipps für Ihren Urlaub auf Gran Canaria.

Kosten im Urlaub
(durchschnittliches Preisniveau)

Tasse Kaffee	2 €
Softdrink (Limonade)	2,50 €
Glas Bier (0,2 l)	2 €
Glas Wein (0,2 l)	4,50 €
Hauptgericht (Restaurant)	15 €
Eintritt staatl. Museum	3 €
Mietwagen/Tag	ab 11 €

 ### Gesundheit

Das staatliche spanische Gesundheitssystem bietet eine Basisversorgung. Jede Gemeinde verfügt über ein **Ge-**

sundheitszentrum (»centro de salud« oder »consultorio«). Adressen und Telefonnummern findet man unter www.centrosdesalud.net (Stichwort: Las Palmas). Zwei große öffentliche **Universitätskrankenhäuser** mit modernsten Einrichtungen gibt es in Las Palmas (Hospital Insular, Avenida Marítima del Sur, Tel. 928 44 40 00; Hospital Dr. Negrín, Barranco de la Ballena, Tel. 928 45 00 00). Bei Vorlage einer Europäischen Krankenversicherungskarte (i. d. R. in die nationale Gesundheitskarte integriert) haben EU-Bürger und Schweizer Anspruch auf die gleichen Leistungen wie Spanier.

In den Ferienorten gibt es private **Ärztezentren**. Die deutlich höheren Kosten dafür übernimmt die gesetzliche Krankenversicherung allerdings nicht unbedingt. Wir empfehlen daher für den Zeitraum der Reise den Abschluss einer privaten Auslandskrankenversicherung. Lassen Sie sich stets eine detaillierte Rechnung zur Vorlage bei der Versicherung ausstellen.

Ärzte und Gesundheitspersonal sprechen zumeist Englisch. Auch einige deutsche Ärzte und Zahnärzte praktizieren speziell an der Costa Canaria. Kontaktdaten sind über die Hotelrezeption zu bekommen.

Apotheken haben meist Mo–Fr 9–13 und 17–19 Uhr geöffnet. Apotheken mit Notdienst (»farmacias de guarda«) stehen unter www.farmaciasdecanarias.com. Rufnummern für Notfälle siehe Eintrag Notfall (S. 178).

Haustiere

Wer mit Hund oder Katze reist, benötigt einen **EU-Heimtierausweis**, der von autorisierten Tierärzten ausgestellt wird. Darin müssen eine gültige

Tollwutimpfung (Erstimpfung mindestens 21 Tage vor Grenzübertritt) und die Daten der Markierung eingetragen sein. Für Tiere, die ab dem 3. Juli 2011 erstmals gekennzeichnet wurden, ist ein Mikrochip Pflicht. Bei vor diesem Stichtag markierten Tieren genügt eine Tätowierung, sie muss allerdings noch gut erkennbar sein.

Informationen

Für offizielle touristische Informationen über Gran Canaria ist der Patronato de Turismo zuständig. Seine auch auf Deutsch verfügbare Internetseite enthält viele nützliche Hinweise.

Patronato de Turismo de Gran Canaria

■ Calle Triana 93, 35002 Las Palmas de Gran Canaria, Tel. 0034/928 21 96 00, www.grancanaria.com

An der Costa Canaria unterhält der Patronato de Turismo ein weiteres Informationsbüro. Außerdem finden Sie in Las Palmas und anderen Orten städtische Informationsstellen (Adressen bei den Ortsbeschreibungen).

Auskünfte über ganz Spanien erteilt die Website des offiziellen Tourismusbüros **Turespaña** (www.spain.info). Dort können Sie auch Broschüren herunterladen und finden Kontaktadressen von Turespaña in Deutschland, Österreich und der Schweiz.

Klima und beste Reisezeit

Ganzjährig herrscht auf der Insel ein sehr ausgeglichenes, frühlingshaftes bis sommerliches Wetter. Im Hochsommer klettern die Temperaturen im Schnitt auf nur rund 26 °C, im Winter

Festivals und Events

Januar/Februar

Reyes Magos (6. Januar) – Am Vorabend finden Umzüge mit den »Heiligen Drei Königen« statt.

Festival Internacional de Música (www.festivaldecanarias.com) – Fünf Wochen lang klassische Konzerte, u.a. im Auditorio Alfredo Kraus in Las Palmas (S. 80).

Fiesta del Almendro en Flor (Mandelblütenfest) – Am berühmtesten dasjenige in Tejeda (meist Anf. Feb.). San Bartolomé und Valsequillo feiern eine Woche davor bzw. danach.

Carnaval (www.lpacarnaval.com) – Besonders ausgiebig mit Umzügen und nächtlichem Tanz wird Karneval in Las Palmas gefeiert.

Auf der Bajada de la Rama in Agaete

März/April

Semana Santa (Karwoche) – Die Osterwoche wird in Las Palmas mit eindrucksvollen Prozessionen in Vegueta und Triana begangen.

Juni

Día del Corpus (Fronleichnam) – Für die Prozession werden aufwändige Teppiche aus Blumen und farbigem Sand oder Salz ausgelegt, speziell in Las Palmas (bei der Kathedrale), Arucas und Teror.

Juli

Canarias Jazz (www.canariasjazz.com) – Zweiwöchiges Festival mit Konzerten in und um Las Palmas.

Fiestas del Carmen (um den 16. Juli) – Zu Ehren der Schutzpatronin der Fischer fahren von den Fischerhäfen Bootsprozessionen aufs Meer hinaus.

August

Bajada de La Rama (4. August, Agaete) – Tanz und Prozession nach altem Brauch der Ureinwohner (S. 141).

September

Fiesta del Pino (um den 8. September, Teror) – Große Wallfahrt zu Ehren der Inselheiligen (S. 89).

Fiesta del Charco (11. September, Puerto de La Aldea) – Archaische Schlammschlacht mit Fischfangwettbewerb (S. 137).

Oktober

Fiestas de La Naval (um den 6. Oktober, La Isleta/Las Palmas) – Das älteste Pilgerfest der Insel (S. 82).

Dezember

Navidad (Weihnachten) – Überall sind ab Mitte Dezember liebevoll arrangierte Krippen zu sehen. Zu den schönsten zählt diejenige im Parque San Telmo in Las Palmas.

liegen die Tageshöchsttemperaturen noch bei 20 bis 21 °C. Nachts sinkt das Thermometer von Juli bis Oktober auf 21 bis 22 °C, von Januar bis März auf 16 bis 17 °C ab. In den Sommermonaten weht meist ein recht stetiger Passatwind aus Nordosten. Wechselhafter ist das Wetter im Winterhalbjahr, wenn von Westen her Tiefdrucksysteme die Insel streifen können. Der dann teilweise sehr kräftige Wind sorgt an der exponierten Westküste für eine hohe Brandung, während das Meer an der windabgewandten Süd- und Ostküste ruhiger ist. Selten weht Südostwind, der heiße Luft aus der Sahara sowie einen feinen, rötlichen Staub mitbringt.

Auf Gran Canaria wird ganzjährig gebadet und Wassersport betrieben. Allerdings bleibt das **Atlantikwasser** sogar im Sommer relativ kühl. Das Maximum wird im September/Oktober mit 23 °C erreicht, zwischen Februar und April sind die Wassertemperaturen mit rund 18 °C am niedrigsten. **Niederschläge** gibt es vorwiegend zwischen September und Mai, während die Monate Juni bis August sehr regenarm sind. Im Süden Gran Canarias ist es auch im Winter meist trocken und sonnig, während an der Nordseite der Insel mehr Niederschläge fallen und sogar im Sommer häufig Bewölkung zu verzeichnen ist.

Mitteleuropäer reisen v. a. im Winterhalbjahr an, während Spanier eher im Sommer nach Gran Canaria kommen. Ferienorte und Strände sind immer belebt. So variieren auch Hotelpreise mit den Jahreszeiten nur geringfügig. Dank der Nähe zum Äquator schwankt die Tageslänge im Jahresverlauf kaum. Selbst im Winter ist noch mit zehn bis elf Stunden Tageslicht zu rechnen. Die Dämmerung ist auffallend kurz.

Klimatabelle Las Palmas

Monat	Luft (°C) min/max	Wasser °C	Sonne (h/Tag)	Regentage
Jan.	16/20	20	6	4
Feb.	16/20	19	7	3
März	16/21	19	7	3
April	17/21	19	8	2
Mai	18/22	20	8	1
Juni	18/23	21	9	0
Juli	21/24	22	9	0
Aug.	22/26	23	9	0
Sept.	22/26	23	8	1
Okt.	21/25	23	7	3
Nov.	19/23	22	6	4
Dez.	17/21	21	6	5

Medien

Deutsche Tageszeitungen und Zeitschriften sind in Las Palmas und in den Ferienorten im Süden oft schon am Erscheinungstag erhältlich. Über aktuelle Ereignisse auf den Kanarischen Inseln und touristisch interessante Themen informieren die deutschsprachigen Zeitungen **»Wochenblatt«** (www.wochenblatt.es) und **»Kanaren Express«** (www.kanarenexpress.com) in ihren Printausgaben und online.

Der deutschsprachige Radiosender **»Radio Europa«** (www.radio-europa. fm) sendet auf 103,5 FM und ist an der gesamten Südküste zwischen dem Flughafen und Puerto de Mogán gut zu empfangen.

Nachtleben

Party gemacht wird insbesondere in **Playa del Inglés** mit seinen rund 50 Diskotheken und Clubs, in denen es in der Regel erst nach Mitternacht, dann aber bis 6 Uhr früh zur Sache geht. Stilvolle Bars säumen die Meerespromenade von Meloneras. Ins Nachtleben von Las Palmas stürzen sich v.a. die Einheimischen und das vorwiegend am Wochenende. Weitere Hinweise und Adressen stehen bei den einzelnen Ortsbeschreibungen.

Notfall

Wählen Sie in Notfällen immer die gebührenfreie europäische **Notfallnummer 112**. Unter dieser Nummer erhalten Sie Hilfe von der Polizei oder der Feuerwehr sowie in medizinischen Notfällen (Rettungswagen, Notarzt). **ADAC-Mitglieder** können sich in Notfällen auch rund um die Uhr an den Auslandsnotruf des ADAC unter Tel. +49/89/222222 wenden. Bei Bedarf werden auch Dolmetscher vermittelt. Gran Canaria verfügt über ein Netz von Defibrillatoren, die schon beim allerersten Auftreten Herzrhythmusstörungen beenden können. Sie sind wie bei uns durch das Wort Defibrillator gekennzeichnet und zur Anwendung durch medizinische Laien vorgesehen. Es gibt sie z.B. an den wichtigsten Stränden bei der jeweiligen Strandaufsicht sowie am Flughafen und in vielen Einkaufszentren.

Öffnungszeiten

Geschäfte sind meist Mo–Fr 10–13/14, 16/17–20 und Sa 10–13/14 Uhr geöffnet, in Ferienorten auch durchgehend und am Wochenende. Einkaufszentren sowie Supermärkte öffnen Mo–Sa 9–21/22 Uhr. Öffnungszeiten von Bank und Post siehe Einträge Geld und Währung (S. 174) sowie Post (S. 178).

Post

Mehrere Postanbieter sind auf dem Markt. Für Post nach Deutschland haben sich Marken der staatlichen spanischen Post Correos bewährt, erhältlich in Postfilialen (geöffnet meist Mo–Fr 8.30–14.30, Sa 9.30–13 Uhr, z.T. Mo–Fr durchgehend bis abends, z.B. in Playa del Inglés, Avenida de Tirajana 37, bis 20.30 Uhr) sowie in jedem autorisierten Tabakladen (»estanco«). Das reguläre **Porto** für eine Standardpostkarte oder einen Standardbrief (bis 20 g) in alle Länder Mitteleuropas beträgt 1,25 €. Die mit Marken von Correos frankierte Post gehört in die gelben Briefkästen mit Posthornzeichen. Mit Laufzeiten von mehr als zehn Tagen sollte man allerdings rechnen.

Rauchen und Alkohol

Auf Gran Canaria ist das **Rauchen** in öffentlichen Bereichen, etwa am Flughafen, an überdachten Bushaltestellen, in Bussen, Fährterminals, Einkaufszentren und Hotelhallen verboten. Im Abflugbereich des Flughafens gibt es eine Außenterrasse, auf der geraucht werden darf. Gastronomiebetriebe dürfen keine Raucherzonen mehr ausweisen. Die Regelungen gelten auch für E-Zigaretten. Hotels können noch in begrenztem Ausmaß Raucherzimmer anbieten. Mietwagenfirmen bringen oft Rauchverbotsschilder im Wagen an. An manchen Stränden wurden bereits getrennte Raucher- und Nichtraucherbereiche ausgewiesen. **Alkohol** darf an Kinder und Jugendliche unter 18 Jahren in Geschäften und Lokalen grundsätzlich nicht abgegeben werden. Diese Regelung gilt auch für Bier bzw. Wein.

Sicherheit

Gran Canaria gilt als relativ sicher. Dennoch ist Vorsicht insbesondere in Las Palmas und in den Ferienorten angebracht. Wertsachen und wichtige Dokumente sind am besten im **Hotelsafe** aufgehoben (in vielen Hotelzimmern, ca. 22 €/Woche). Sofern das nicht möglich ist, empfiehlt es sich, Wertsachen am Körper zu tragen. Halten Sie Ihren Bargeldbestand klein.

Mit **Taschendieben** ist in Menschenmengen und Nachtlokalen zu rechnen. Auch an Stränden kommt es immer wieder zu Diebstählen. Im Auto sollte nichts offen sichtbar liegen bleiben. Einbrüche in Hotelzimmer kommen zuweilen vor, daher vor dem Verlassen alle Fenster und Türen schließen. Bei der Benutzung von Geldautomaten sind diejenigen zu bevorzugen, die direkt bei einer Bankfiliale oder in einem Einkaufszentrum oder Hotel stehen.

Diebstähle jeder Art sollten Sie bei der örtlichen Polizeiwache anzeigen. Wählen Sie in Notfällen die gebührenfreie europäische Notrufnummer 112. Umfassende Infos zur Sicherheit in Spanien gibt es auf der Webseite des Auswärtigen Amtes (www.auswärtiges-amt.de).

Sport

Fahrrad

Gran Canaria ist v. a. in den Wintermonaten ein Paradies für anspruchsvolle **Mountainbiker** und **Rennradfahrer**. Flache Abschnitte gibt es allerdings kaum. Als eine Herausforderung auch im europäischen Vergleich gilt der 23 km lange Anstieg von Ingenio zum Pico de las Nieves, auf dem etwa 1600 Höhenmeter zu überwinden sind. Für bescheidenere Ansprüche eignet sich

etwa die Mountainbike-Runde von Maspalomas über Ayagaures (26 km). Touren werden unter www.grancanaria.com und www.outdooractive.com beschrieben. Über ein gutes innerstädtisches Radwegenetz verfügt Las Palmas (S. 84). Es besteht Helmpflicht. Bei Mietfahrrädern ist der Helm in der Regel im Preis inbegriffen. Linienbusse befördern nur Klappfahrräder.

Golf

Mit acht 18-Loch-Plätzen und ganzjähriger Saison ist Gran Canaria eine bedeutende Golfdestination. Im Nordosten liegen drei Plätze, etwa bei Santa Brígida der schon 1891 eröffnete und damit älteste Platz Spaniens, der **Real Club de Golf de Las Palmas**. Die anderen fünf Plätze befinden sich im Süden zwischen Costa Canaria und Puerto de Mogán. Tagesgäste sind überall willkommen, im Real Club de Golf de Las Palmas allerdings nur werktags. Die Greenfee-Kosten für 18 Loch betragen zwischen 55 und 120 €. Weitere Informationen unter www.grancanaria.com (Stichwort: Golf) und www.1golf.eu.

Kajak

Das Fahren im Seekajak ist bei den Einheimischen recht populär und gilt angesichts der vielen Steilküsten und des oft bewegten Atlantikwassers als durchaus ein wenig abenteuerlich. Anbieter, die Seekajaks verleihen, gibt es in Bahía Feliz, Anfi del Mar (bei Puerto Rico) und an der Playa de Taurito (mit Filiale in Puerto de Mogán).

Reiten

Die Reiterhöfe auf Gran Canaria konzentrieren sich im Hinterland der Costa Canaria. Sie bieten Unterricht sowie Ausritte durch die von Schluchten zerfurchte, von Opuntien überwucherte Gegend mit schönem Ausblick auf Strand und Dünen. Ein weiterer Reitstall liegt bei Tafira Alta. Eine Besonderheit sind Kamelritte, die in Arteara (S. 155) angeboten werden.

Segeln

Ein- und mehrtägige Segel- und Ausbildungstörns auf Hochseejachten bieten in den Wintermonaten für maximal vier Teilnehmer die deutschen Segelschulen Frank Lochte (www.segel schule.de) und Segel-Praxis (www.se gel-praxis.de) ab Gran Canaria zu fixen Terminen oder zum Wunschtermin an. In Las Palmas kann man Segeljachten mit oder ohne Skipper für Törns entlang der Küste und zu anderen Inseln chartern (S. 83). Segeln mit Sportkatamaranen ist an der Playa Anfi del Mar bei Puerto Rico möglich (S. 127).

Surfen

Die günstigsten Spots für das Windsurfing liegen an der Südostküste, an der v. a. im Sommerhalbjahr der Passatwind entlangstreicht. Absolutes Zentrum für diesen Sport ist der **Strand von Pozo Izquierdo** südlich von Arinaga, wo auch Weltmeisterschaften ausgetragen werden. Dort findet man gleich vier Surfstationen und ein Surfhostel (www.pozo-ciw.com). Weitere Verleihstationen mit Schulung existieren in Bahía Feliz und an der Costa Canaria. Die meisten haben auch das einfacher zu erlernende **SUP** (Stand Up Paddling) im Programm.

Ein buntes **Wellenreiter**-Publikum versammelt sich in den Surf-Hostels von Las Palmas und stürzt sich bei geeigneter Wetterlage in die Brandung an der felsigen Nordküste der Insel. Auch hier gibt es Schulen mit Verleih.

Tauchen und Schnorcheln

Rund um die Insel ist unter Wasser eine fast tropisch anmutende Meeresfauna zu beobachten. In Las Palmas, Arinaga, Costa Canaria, Arguineguín, Puerto Rico und an der Playa de Taurito bieten Tauchbasen Schulung und Tauchgänge (inkl. Ausrüstung ca. 37 €). Für Schnorchler werden an der Playa del Cabrón bei Arinaga Exkursionen organisiert.

Wandern

Das gebirgige, bis über 1800 m hohe Inselinnere von Gran Canaria ist ein beliebtes Wandergebiet. Saison ist v. a. in den **Wintermonaten**. Bei der Auswahl der Kleidung ist zu bedenken, dass es in den Bergen dann relativ kühl werden oder sogar schneien kann. Mit Regen ist eher an der Nordseite als an den trockeneren Südhängen zu rechnen. Die oft steinigen Wege erfordern Trekkingschuhwerk. Viele Routen folgen alten, restaurierten »**Königswegen**« (»caminos reales«), die auf einer Gesamtlänge von rund 300 km kreuz und quer über die Insel führen. In früheren Zeiten dienten sie dem Warentransport mit Eselkarren. Unter www. grancanaria.com finden sich Links zu Wanderbeschreibungen und Wanderkarten in den einzelnen Gemeinden Gran Canarias. Der Fernwanderweg **GR-131**, der alle Kanareninseln berührt, ist auf Gran Canaria noch nicht markiert. Er verläuft von Puerto de las Nieves in fünf Tagesetappen über Cruz de Tejeda nach Maspalomas. Eine Beschreibung auf Englisch liefert Paddy Dillon in seinem Wanderführer »Walking on Gran Canaria« (Cicerone Press, 2013). Geführte Tageswanderungen (45 €/Person) veranstalten Roland & Jörg (Tel. 928 71 57 18, 689 64 03 53, www. grancanariamitroland.de).

Strom und Steckdose

Das spanische Stromnetz wird wie in Deutschland mit 230 Volt betrieben. In die Steckdosen passen problemlos die üblichen Euro- und Schukostecker.

Telefon und Internet

Alle spanischen Telefonnummern bestehen aus neun Ziffern. Ortsvorwahlnummern gibt es nicht.

Die **Roaminggebühren** für Mobiltelefonate wurden innerhalb der EU abgeschafft. Deutsche und österreichische Handykunden telefonieren somit in Spanien zu den gleichen Konditionen wie zu Hause. Für Schweizer fallen nach wie vor Roaminggebühren an.

Wer eine spanische Nummer anruft, muss stets die **Landesvorwahl** 0034 mitwählen. Von Telefonsäulen, wo man mit Münzen oder Karten (gibt es am Kiosk) telefonieren kann, sind Gespräche relativ teuer. Noch teurer kommt es vom Hotelzimmer aus, es sei denn Sie benutzen eine Prepaid Calling Card mit PIN.

Internationale Vorwahlen:

- Spanien 0034
- Deutschland 0049
- Österreich 0043
- Schweiz 0041

WLAN heißt in Spanien WiFi. Viele Unterkünfte bieten es gratis an, andere gegen Gebühr (ca. 5 €/Tag). Kostenlose Hotspots gibt es am Flughafen, in vielen Einkaufszentren, Restaurants und Cafés. **Telefonläden** (»locutorios«), die auch Computer mit Internetzugang bieten, sind selten geworden, es gibt sie aber z. B. noch in Las Palmas und an der Costa Canaria.

Trinkgeld

Bei Rechnungen im Restaurant oder Hotel ist das Bedienungsgeld inklusive. Dennoch ist es üblich, bei Zufriedenheit ein Trinkgeld zu geben. Eine Ausnahme stellen einfache Bars und Cafeterias dar. Bei Taxifahrten kann man den Fahrpreis aufrunden.

Umgangsformen

Die Gesellschaft auf Gran Canaria ist weltoffen und bunt. In Las Palmas und in den Ferienorten des Südens ist so ziemlich alles erlaubt. Hingegen verläuft das Leben in den kleineren Städten und Dörfern des Nordens sowie im Westen und im Inseinneren noch in traditionellen Bahnen. Hektik lehnen die Menschen hier ab. Allgemein ist legere Kleidung üblich. Nur in gehobenen Berufen und bei feierlichen Anlässen kleiden sich die Canarios formell.

FKK wird v.a. am Dünenstrand zwischen Playa del Inglés und Maspalomas betrieben (S. 117).

Unterkunft und Hotels

Camping

Man kann auf Gran Canaria ein **Wohnmobil** mieten (www.motorhome-canaria.com, www.airbnb.com u.a.) oder das eigene Fahrzeug auf der Fähre mitbringen (S. 171). Falls nicht anders ausgeschildert, dürfen Wohnmobile überall parken, wo es auch für Pkws erlaubt ist. Nachts sollten allerdings Vordächer eingerollt und Stühle und Tische hineingeholt werden, ansonsten drohen Bußgelder. Außerdem ist von der Küste ein Abstand von 20 bis 40 m zu halten (oft durch weiße Markierungen angezeigt). Maximal 48 Std.

am selben Standplatz sind erlaubt. Für die Ver- und Entsorgung kann man jede Tankstelle anfahren.

Auf wildes Campen mit dem Zelt stehen hohe Strafen. Die Inselregierung betreibt 15 einfach ausgestattete **Campinggelände** (»zonas de acampada«) in den Bergen. Sie erfordern einen Erlaubnisschein des Bürgerbüros OIAC in Las Palmas, Calle Bravo Murillo 23, Tel. 928 21 92 29, Online-Anmeldeformular unter http://cabildo.grancanaria.com. Außerdem gibt es bei Agüimes zwei ganzjährig geöffnete, offizielle **Campingplätze**, die jeweils auch Hütten vermieten. Direkt am Meer befindet sich Camping Playa de Vargas (Tel. 928 18 80 37, www.campingplayadevargas. com), etwas landeinwärts liegt Camping Temisas (Tel. 928 79 81 49). Weitere Infos: www.guiacampingfecc.com.

Ferienwohnungen

Ferienhäuser und Ferienwohnungen werden v.a. in den Urlaubsorten im Süden vermietet. Reiseveranstalter vermitteln Studios, Apartments oder Bungalows in größeren, hotelähnlich geführten Anlagen. Wohnungen und Häuser in Privatbesitz können z.B. über www.booking.com, www.casamundo. de, www.fewo-direkt.de oder www. traum-ferienwohnungen.de gebucht werden. Auch in Las Palmas ist das Angebot groß, speziell an der Playa de Las Canteras. Individueller wohnt es sich auf dem Land. Einfache Ferienwohnungen gibt es ab 40 € pro Tag, für Luxusapartments und Villen sollte man mit 200–500 € pro Tag rechnen.

Hotels

Das Hotelviertel von Las Palmas befindet sich hinter der Playa de Las Canteras. Aber auch in anderen Stadtteilen gibt es Hotels aller Kategorien sowie Pensionen und Hostales (Hotelpensionen). In den Ferienorten des Inselsüdens sind v.a. Mittelklassehäuser der Drei- und Vier-Sterne-Kategorie, aber auch Fünf-Sterne-Luxushotels zu finden. Insgesamt sind Hotels auf Gran Canaria gegenüber Apartmenthäusern deutlich in der Minderzahl.

Ein Doppelzimmer mit Frühstück im Vier-Sterne-Hotel kostet je nach Komfort etwa zwischen 70 und 250 € pro Nacht. Sehr verbreitet sind **All-inclusive-Angebote** (ab ca. 100 € pro Nacht und Doppelzimmer). Im Trend liegt die Unterscheidung zwischen Hotels nur für Erwachsene (»adults only«) und kinderfreundlichen Familienhotels. Auch Hotels mit dem Etikett »gay only« oder »gayfriendly« sind nicht selten, denn Gran Canaria gilt als beliebtes Urlaubsziel für die LGBT-Community.

Herbergen und Hostels

Dem kanarischen Jugendherbergsverband REAJ (Red de Albergues Juveniles de Canarias, www.juventudcanaria.com) gehören auf Gran Canaria acht privat betriebene Herbergen und Hostels an. Davon befinden sich fünf Häuser in Las Palmas und je eines in Telde, Valsequillo und Agaete. Darüber hinaus gibt es v.a. in Las Palmas noch eine Reihe weiterer Hostels, von denen sich viele auf Surfer spezialisiert haben.

Ländliche Quartiere

Der ländliche Tourismus (»turismo rural«) hat eine gewisse Bedeutung im Norden, Westen und Zentrum der Insel. Eine Besonderheit sind **Höhlenwohnungen** (S. 168). Ansonsten werden Zimmer in Landhotels, ganze Fincas sowie Zimmer und Wohnungen in Bauernhäusern vermietet. Infos z.B.

unter www.toprural.com, www.grantural.com, www.grancanariarural.com.

Verkehrsmittel im Land

Bus

Die blauen Linienbusse von **GLOBAL** (www.guaguasglobal.com) fahren von Las Palmas in die Städte des Nordens und die Ferienorte des Südens. Orte im Zentrum und Westen werden seltener angefahren. Einzelfahrscheine verkauft der Fahrer. Preisbeispiel: Flughafen–Maspalomas 4,05 €. In Las Palmas gibt es gelbe Stadtbusse (S. 67), an der Costa Canaria übernehmen die Busse von GLOBAL diese Funktion.

Mietwagen

Am Flughafen von Gran Canaria sind verschiedene Mietwagenanbieter präsent. Auch in den Ferienorten und über Hotels lassen sich Pkws anmieten. Für Mitglieder bietet die **ADAC Autovermietung** günstige Konditionen an. Buchen kann man im Internet (adac.de/autovermietung), in allen ADAC Geschäftsstellen oder unter Tel. 089/76 76 20 99.

Fähre

Nach Santa Cruz de Tenerife geht es am schnellsten mit Express-Autofähren, ab Las Palmas drei- bis viermal täglich mit **Naviera Armas** (www.navieraarmas.com), drei- bis viermal täglich und ab Agaete drei- bis sechsmal täglich mit **Fred. Olsen** (S. 140), Fahrzeit 110 Min. bzw. 80 Min. Ab Las Palmas verkehren auch die etwas langsameren Autofähren von Naviera Armas.

Nach **Morro Jable** (Fuerteventura) gelangt man ab Las Palmas einmal tgl. mit Naviera Armas und viermal tgl. mit Fred. Olsen (Überfahrt 3 Std. bzw.

100 Min., einfach ca. 50 €). Außerdem geht es mit Naviera Armas nach **Puerto del Rosario** (Fuerteventura) und **Arrecife** (Lanzarote) jeweils fünfmal pro Woche (Überfahrt je ca. 6,5 Std.). Autovermieter schließen in der Regel die Mitnahme des Wagens auf Fähren vertraglich aus. Entlang der Südküste verkehren **Personenfähren** (S. 123).

Flugzeug

Zu den anderen Kanareninseln bestehen Verbindungen mit den Regionalfluggesellschaften **Binter Canarias** (www.bintercanarias.com) und **Canaryfly** (www.canaryfly.es). Pro Strecke kosten die Flüge ab ca. 40 €.

Zeitverschiebung

Auf den Kanarischen Inseln gilt die **Westeuropäische Zeit** (WEZ). Gegenüber Mitteleuropa und dem spanischen Festland ist die Uhr ganzjährig um eine Stunde zurückzustellen.

Zollbestimmungen

Die Kanarischen Inseln gehören zwar zum EU-Land Spanien, genießen aber einen Sonderstatus als **Freihandelszone**. Daher gelten für Reisende aus EU-Ländern wie auch aus der Schweiz die internationalen Zollvorschriften. Bei Grenzübertritten bleiben Waren (auch Tabak und Alkohol) im Gesamtwert bis 430 € bzw. 300 CHF zollfrei. Zusätzlich müssen **Freimengen** beachtet werden: Steuerfrei bleiben für Reisende ab 17 Jahren 250 Zigaretten oder Zigarren bzw. 250 g andere Tabakfabrikate, 5 l alkoholische Getränke bis 18 % Vol. und 1 l alkoholische Getränke über 18 % Vol. (www.zoll.de, www.bmf.gv.at/zoll, www.ezv.admin.ch).

Die Geschichte Gran Canarias

Um 500 v. Chr. Berber besiedeln von Nordafrika aus die Kanarischen Inseln.
40 v. Chr. König Juba II. von Mauretanien schickt eine Forschungsexpedition zu den Kanaren.
13. Jh. Südeuropäische Händler erkunden den Archipel auf der Suche nach Sklaven und Naturfarbstoffen.
1483 Nach fünfjähriger Belagerung nehmen die Spanier Gran Canaria ein.
1492 Christoph Kolumbus lässt vor seiner Atlantiküberquerung eines seiner Schiffe in Las Palmas reparieren.
1496 Nachdem auch die Ureinwohner von La Palma und Teneriffa kapituliert haben, ist die Eroberung der Kanaren abgeschlossen.
1595 Ein Angriff des britischen Korsaren Sir Francis Drake auf Las Palmas kann erfolgreich abgewehrt werden.
1629 Wegen der Piratengefahr wird ein Generalkapitän der Kanaren ernannt, zunächst mit Sitz in Las Palmas, später auf Teneriffa.
1778 König Carlos III. liberalisiert den Handel mit den Kolonien. Es kommt zu einem wirtschaftlichen Aufschwung auf den Kanaren.

1852 Der Archipel wird Freihandelszone. In der Folgezeit entwickelt sich der Hafen von Las Palmas zur einer Versorgungsstation für Dampfschiffe. Britische Händler lassen sich nieder, um Bananen zu exportieren.
1891 Bei Santa Brígida wird der erste Golfplatz Spaniens gegründet.
1927 Las Palmas wird Hauptstadt einer neuen Provinz mit Gran Canaria, Lanzarote und Fuerteventura.
1936 General Franco fliegt von Gran Canaria nach Marokko, um von dort aus mit einem Militärputsch den Spanischen Bürgerkrieg zu entflammen.
1959 Auf Gran Canaria landet der erste Ferienflieger aus Deutschland. In der Folgezeit kommt es zu einem regelrechten Tourismusboom.
1982 Die Kanarischen Inseln werden autonome Region innerhalb Spaniens. Der Sitz der Regionalregierung wechselt alle vier Jahre zwischen Las Palmas und Santa Cruz de Tenerife.
1986 Spanien tritt der Europäischen Gemeinschaft (heute EU) bei. Die Kanaren erhalten einen Sonderstatus als zoll- und steuerbegünstigtes Gebiet.
2005 Der Westen und weite Teile im Inselinneren Gran Canarias werden zum UNESCO-Biosphärenreservat erklärt.
2011 Ausbau des Hafens von Las Palmas für große Kreuzfahrtschiffe.
2017 In Las Palmas eröffnet das riesige Aquarium Poema del Mar. Zugleich beginnt der Ausbau der Fahrbahnen für den MetroGuagua, einen Schnellbus mit Hybridantrieb, der die Verkehrsprobleme der Stadt lösen soll.

Piratenangriffe stellten jahrhundertelang eine Bedrohung für die Insel dar

Spanisch für die Reise

Das Wichtigste in Kürze

Ja/Nein	*sí/no*
Bitte/Danke	*por favor/gracias*
Hallo!/Auf Wiedersehen!	*¡Hola!/¡Adiós!*
Guten Morgen!	*¡Buenos días!*
Guten Abend!/Gute Nacht!	*¡Buenas tardes!/¡Buenas noches!*
Mein Name ist …	*Me llamo …*
Entschuldigung!	*¡Perdón!*
Achtung!/Vorsicht!	*¡Atención!/¡Cuidado!*
Ich verstehe Sie nicht.	*No les entiendo.*
Wie viel kostet das?	*¿Cuánto cuesta?*
Damen/Herren	*Señoras/Señores*
geöffnet/geschlossen	*abierto/cerrado*
gestern/heute/morgen	*ayer/hoy/mañana*
Wie viel Uhr ist es?	*¿Qué hora es?*
Wo ist …?	*¿Dónde está …?*
Wie weit ist das?	*¿A qué distancia está?*
Ist das der Weg nach …?	*¿Es éste el camino a …?*
Nord/Süd/West/Ost	*norte/sur/oeste/este*
Ich möchte …	*Quisiera …*
Die Rechnung, bitte!	*¡La cuenta, por favor!*
Restaurant	*restaurante*
Auto	*coche*
Tankstelle	*gasolinera*
Super/bleifrei/Diesel	*gasolina súper/gasolina sin plomo/diésel*
Panne	*avería*
Hilfe!	*¡Ayuda!/¡Socorro!*
Fahrrad	*bicicleta*
(Haupt)Bahnhof	*estación de RENFE*
Busstation	*estación autobuses*
Flughafen	*aeropuerto*
Pass/Personalausweis	*Pasaporte/Documento Nacional de Identidad (D.N.I.)*
Bank/Geldautomat	*banco/cajero automático*
Arzt	*médico*
Apotheke	*farmacia*
Supermarkt	*supermercado*
Tourismusbüro	*oficina de turismo*

Wochentage

Montag/Dienstag	*lunes/martes*
Mittwoch	*miércoles*
Donnerstag	*jueves*
Freitag/Samstag	*viernes/sábado*
Sonntag	*domingo*

Monate

Januar/Februar	*enero/febrero*
März/April	*marzo/abril*
Mai/Juni	*mayo/junio*
Juli/August	*julio/agosto*
September/Oktober	*septiembre/octubre*
November	*noviembre*
Dezember	*diciembre*

Zahlen

1	*uno*	8	*ocho*
2	*dos*	9	*nueve*
3	*tres*	10	*diez*
4	*cuatro*	11	*once*
5	*cinco*	12	*doce*
6	*seis*	100	*cien, ciento*
7	*siete*	1000	*mil*

Hinweise zur Aussprache

c	vor ›a, o, u‹ wie ›k‹, Bsp.: casa, caja
c	vor ›e‹ und ›i‹ ähnlich dem englischen ›th‹, Bsp.: gracias
ch	wie ›tsch‹, Bsp.: leche
g	vor ›e‹ und ›i‹ wie ›ch‹, Bsp.: gente
gue, gui	wie ›ge, gi‹, also mit stummem ›u‹, Bsp.: guitarra, guiso
h	ist immer stumm, Bsp.: hombre
j	wie ›ch‹, Bsp.: jamón
ll	wie ›lj‹, Bsp.: tortilla
ñ	wie ›nj‹, Bsp.: niño

Register

Bildnachweis

Titel: Barranco de Fataga
Foto: **Getty Images** (Marco Simoni)

Alamy Stock Photo: The Picture Art Collection 34; Islandstock 39; imageBROKER 40; Panther Media GmbH 55 – **Artenatur:** 168 – **gemeinfrei:** 184 – **Getty Images:** 125; Robert Harding World Imagery 73, 154; Westend61 143 – **Glow Images:** 63.3 – **Huber Images:** Reinhard Schmid 10/11, 11, 65, 66/67, 119, 153.4; Olimpio Fantuz 12/13, 14/15; Reinhard Schmid 16/17, 22; Tuul & Bruno Morandi 140 – **imago:** 192.2; robertharding 61.2 – **laif:** Pierre Jacques/hemis 74/75; Andreas Hub 83; Gerald Haenel 86; Berthold Steinhilber 108; Martin Kirchner 192.1 – **look-foto:** 91, 120; Sabine Lubenow 6/7, 26, 107; robertharding 8.1; Photononstop 8.2; Juergen Richter 29 – **mauritius images:** 139; Peter Erik Forsberg/Markets: Alamy 25; robertharding: Martin Child 28; Stuart Black: Alamy 31; Alan Dawson Photography: Alamy 35; Shawn Hempel/Alamy 56, 62.1; Peter Schickert/Alamy 71; Alamy 77, 176; Islandstock/Alamy 78, 109; imageBROKER/Franz Walter 81; A.J.D. Foto Ltd./Alamy 88; Greg Balfour Evans/Alamy 94/95; imageBROKER/Siepmann 24, 33, 38, 96, 98, 116, 144; Chris Howes/Wild Places Photography/Alamy 99, 147; Steffen Hauser/botanikfoto/Alamy 110; Pictures Colour Library/Alamy 117; imageBROKER/Katja Kreder 131; imageBROKER/Martin Moxter 145, 159; Markus Lange 150; Westend61/Maria Breuer 157, Maria Breuer 158; AA World Travel Library/Alamy 167 – **picture alliance:** DUMONT Bildar 9; Mary Evans: Grenville Collins P 41; Christoph Mohr 57; Rolf Wilms 62.2 – **Schapowalow:** Olimpio Fantuz/SIME 160 – **Shutterstock.com:** Olena Kibryk 18; Valery Bareta 19; Oleg Znamenskiy 20, 27, 32, 111, 153.1; leoks 21; Tono Balaguer 23; Aleksandar Todorovic 30, 84; Tamara Kulikova 36, 37, 48, 50, 51, 136; Laszlo Halasi 42; sweasy 43; Karol Kozlowski 44, 58/59, 163; Tono Balaguer 45; gangoo 46; Kamila Starzycka 47; Tupungato 49; toriru 52; Victor Suarez Naranjo 54; ZM_Photo 103.3; Philip Lange 104; criben 118; Fulcanelli 148; Philip Lange Klappe vorn li.; Evan Lorne Klappe vorn re. – **stock.adobe.com:** 133.1; Valery Bareta 60.1, 63.2, 112/113; fotoping 60.2, 92/93; Rulan 63.1; anilah 87, 164/165; Václav Mach 123; Mihai-Bogdan Lazar 128/129; Brigitte Wegner 135; Leslie-Photographic 153.2

Impressum

Herausgeber: GRÄFE UND UNZER VERLAG GmbH, Postfach 86 03 66, 81630 München
Leitender Redakteur: Benjamin Happel
Autorin: Sabine May
Verlagsredaktion: Nadia Terbrack (verantw.), Larissa Köpp, Gernot Schnedlitz, Silke Tauscher
Redaktion und Satz: Ewald Tange, tangemedia, München
Bildredaktion: Iris Kaczmarczyk, Dr. Nafsika Mylona
Schlusskorrektur: Andrea Lazarovici
Reihengestaltung: Independent Medien Design, Horst Moser, München; Eva Stadler, München
Kartografie: Kunth Verlag GmbH & Co. KG, München
Herstellung: Mendy Willerich
Druck + Bindung: Drukarnia Dimograf Sp z o.o. (Polen)

Ansprechpartner für den Anzeigenverkauf:
KV Kommunalverlag GmbH & Co. KG, MediaCenter München,
Tel. 089/928 09 60

Ein Unternehmen der
GANSKE VERLAGSGRUPPE

ISBN 978-3-95689-741-2
1. Auflage 2020

© 2020 GRÄFE UND UNZER VERLAG GmbH, München
ADAC Reiseführer Markenlizenz der ADAC Medien und Reise GmbH, München

LESERSERVICE
adac@graefe-und-unzer.de
Tel. 00800/72 37 33 33 (gebührenfrei in D, A, CH)
Mo–Do 9–17 Uhr, Fr 9–16 Uhr

Bei Interesse an maßgeschneiderten B2B-Produkten:
gabriella.hoffmann@graefe-und-unzer.de

Unterwegs auf Gran Canaria

Europas. Auf zahlreichen Pisten kommen Mountainbiker auf ihre Kosten.

■ Details auf Seite 179

Spaßfahrten

Wenn Sie mit einem Reiseveranstalter unterwegs sind, sollten Sie einmal in dessen Informationsmappe im Hotel schauen. Darin werden vielerlei Exkursionen, etwa Bootsausflüge oder Jeepsafaris, angeboten. Wer lieber online bucht, wird über Vermittlungsseiten fündig.

■ www.grancanariaexcursions.eu, www.okgrancanaria.com

Im Tuktuk

Erkunden Sie Las Palmas doch per Elektro-Tuktuk. Die umweltfreundlichen Vehikel warten am Parque de Santa Catalina. Die 45-minütige kommentierte Tour zur Playa de Las Canteras kostet 15–18 € pro Person.

■ Tel. 828 90 54 39, hello@greentrip canarias.com

Rundflug

Aus der Vogelperspektive bieten sich völlig neue Eindrücke. Man schaut weit über Strände und tief in Schluchten hinein. Ein Helikopterflug ab Bahía Feliz macht's möglich.

■ Details auf Seite 110

Küstenfähre

An der Südküste Gran Canarias pendeln Personenfähren im Halbstundentakt. Wer geschickt plant, erlebt vier Orte und Strände an einem Tag.

■ Details auf Seite 123

Fahrrad

Für Rennradfahrer hält die Insel jede Menge Steigungen bereit, darunter eine der härtesten Bergprüfungen